Lim Chul-Jae

시인 임철재

백제유사

아내에게

소금꽃 흩적삼에
배인
묵은지빛 해거름이
쪽마루 저녁상
간장 종지에 곰삭는다

삼베 밥상보 해진 바늘 자국에
한 땀 한 땀 기워져 있는
질긴 사랑이
바랜 솔기 마디마다
꺼끌꺼끌 뻐저리게 쓸린다

임철재 시집

백제유사

Poetics 시학

■ 시인의 말

천오백 년 전, 식장산 탄현마루 무너져 내리는 백제의 마지막 어디쯤, 한밭골 쑥뱅이 물가에 그냥 서 있던 전생의 나는, 그 물줄기 목척다리 밑에서 괜히 주어 온 이승의 핏덩이 나는, 도대체 언제의 누구인가?

하얀 손수건 한 장 가볍게 날아간 이별인 듯 돌아볼 것도, 지울 것도 없는 백지의 백제다. 살다 부대끼고 쓰러지는 세월이 어찌 백제뿐이랴. 삭정이에 매달린 뒷이야기 거두어 그림자마저 잊힌 것들의 막막함을 뒤적거려 본다.

2012년 가을
임철재

차 례

제1부 백제금동대향로

제2부 백제의 미소

제3부 백제 뒤안길

제4부 백제 노래

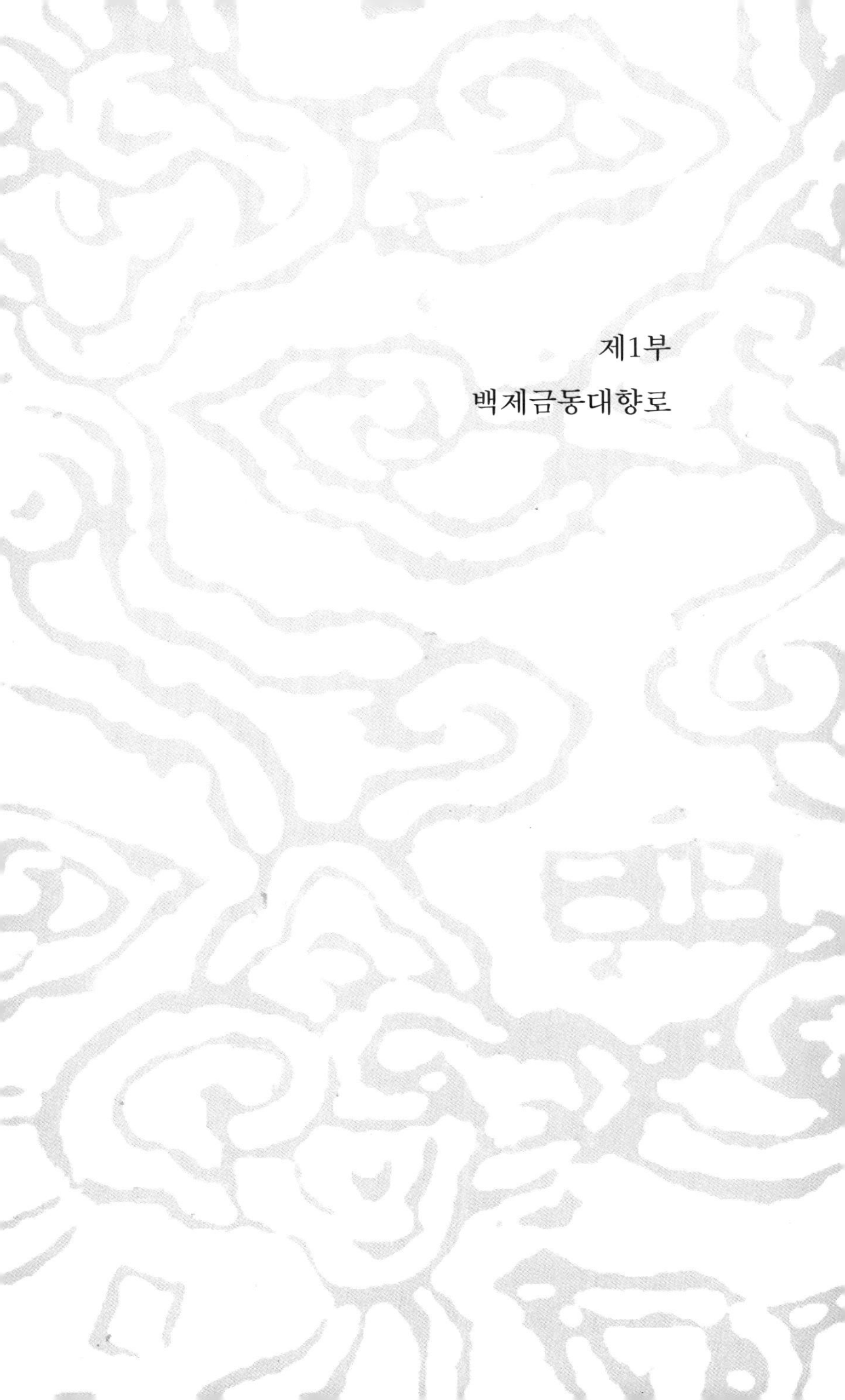

제1부

백제금동대향로

백제금동대향로 · 1
— 잠시暫時

몇 잠이나 흘렀는고
일어나려 해도 물먹은 삭신
얼마나 힘든 속세의 악몽이기에
불기둥 껴안고 물구렁에 잠드나

풀잎 사이 반딧불 밝히며
달빛 지고 메고 가는 풀벌레 울력 소리
왁자지껄 팔베개 흔들어 쌓는데
밤새운 귀뚜리 첫 이슬 이고 와
정화수 올리고
딱 따르르 딱따구리 깨워 하늘목탁 두드리며
어서 기침하여 향불 올려 달라는데

마짓밥내 그리운 능사陵寺* 폐허에
곯아떨어진
천오백 년이
아뿔싸, 두어 잠 거리밖에 안 되는가

---

* 능사 : 백제금동대향로가 출토된 부여 능산리 소재.

백제금동대향로 · 2

— 개*蓋

삼천 벼랑 넋을
백련빛으로
일곱 매듭 동여매고 사르는 백제 향로이어요

뜬금없이 열지 마시어요
피안 물가에 오두마니 쪼그려 앉아
이승 옷고름
태우다 태우다
앞가슴 터진 눈물이
그젯밤 오가리 들어
짓무른 연꽃잎에 웅그리고 있을지 누가 알아요

그믐밤이어도 슬며시 열지 마시어요
가슴뼈 속 반닫이에
차곡차곡 차지게 개어 놓은 눈시울이
가슴골
사늘히 흘러 흘러
향로 바닥에

얼마나 깊이 고여 있는지 모르잖아요

그래도 모르면 그냥 두시어요
당신 힘으로 열고 닫을 수 있는
가벼운 여닫이 세월이 영영 아닐 수도 있어요

---

* 개 : 뚜껑.

백제금동대향로 · 3
— 대족臺足*이 된 아사달

텅 비어 더 무거운
향로의 침묵
대족 되어 혼자 떠받치고 버틴다
여의주는 봉황에게 주고
입 다물고 흐르는 사비강 다독이려
백제 사그라진 그날부터 승천을 포기한 용틀임이다

나성羅城의 사내가 금禁줄 이마에
질끈 매는
핏줄 꿈틀대는 팔뚝 힘이다
억수비 마래방죽**에 화려한 금동비늘 다 벗어 놓고
젖을수록 더욱 서럽게 질긴
삼베 굴건제복 여미는 몸짓이다

심장에 부싯돌 그어
향불 붙이고

식은 젯술
향 연기에 데우며
시묘侍墓살이 다짐하는
백제의 마지막 맏상주, 뼈마디 불거지는 옹골짐이다

---

* 대족 : 용의 형상으로 조각된 향로의 다리 부분 받침대.
** 마래방죽 : 부여 궁남지 남쪽에 백제 때 축조된 둑.

백제금동대향로 · 4
— 중지심경中指心經

싸움닭 피투성이 벼슬에
순금 봉황 벼슬 느닷없이 씌워 놓으면
봉황나래 의젓하게 접고 있어야 하는지
멱줄 단방에 끊어야 하는 본능의 닭쌈
날만 새면 또 푸닥 푸닥거려야 하는지
지가, 고걸 몰라
부리 깨질 때까지
갸우뚱갸우뚱
거울만 쪼아 대는데

쪼든 말든
독락당 훈장 어르신
자子 왈 닭대가리에 봉황 벼슬 올려 준
니가, 원조 새대가리니라
가운뎃손가락 빳닥 세워 힘주고
중지심경 짚어 가며 읊는데
백제향로 귀때기 녹슨 봉황이

사비성터 허망하게 바라보며
뭘 알아들었는지 중얼중얼 거리는데, 뭐가 뭔지

백제금동대향로 · 5
— 인면조신상*人面鳥身像

사랑이 하도 멀어 날지 못하고
향불 올리는 새가 있어요
몸부림 깃털에 얼굴 파묻고
볼우물에 고인 당신 입김 비벼 대며
꿇어앉은 맨무릎 마구 흔드는 목울음 들리시나요

미련의 문고리 당기면
달군 담금질 쇠 맨손으로 잡는 것 같아
불 내음 육신
살얼음에 밀어 넣고
목덜미 파르르 떨고 있어요

목쉰 울대 겨드랑깃 사이에 품고
미친 눈발처럼 날리고 싶어요
되들길 끊어진 저 빙벽
까마득히 매달린 눈 무덤에
차가워서 아름다운 눈새가 내려앉네요

기다리다 잊고 잊으려고 기다리다
솟대하늘 막막한 겨울새 되어 식어만 가는데
눈 내리는 듯
은종 순은종 수북이 울리는 당신 품속에
서걱대는 나래라도 퍼덕이고 싶어

비천녀飛天女 알몸 정성으로 기도하는 밤
묵은 젖가슴 내 미지는 향불
사르는 대로
하얗게 무너져 내리는 생살
이 그리움 덩이 누가 안아 재워 주나요

---

* 인면조신상 : 향로에 조각된, 몸체는 새고 머리는 여인의 모습인 반인반조의 상.

백제금동대향로 · 6

— 머리 감는 나부상裸婦像*

지상의 물때 묻지 않는
미리내 별모래 누워
샛별 갸웃거릴 때까지
더운 밤 복숭아 되어
발가벗고 익어도 좋을 사랑아

실개천 속삭임 닿지 않는
밤하늘에 너를 업고 가
풀어진 맨어깨끈
보름달 뒤에 개어 놓고
사랑아

달무리 물바가지로 첨벙 퍼
머리 감아 주고 싶어라
쇠별꽃 풀 내 배어든 별빛 등물 부어
겨드랑 젖살까지 푸덩푸덩 씻어 주고 싶은
산울타리 오막살이 맨몸뿐인 사랑아

---

* 향로에 조각된 머리 감는 여인의 반신 나부상.

백제금동대향로 · 7
— 다시 머리 감는 그녀의 말

귀밑머리에
맺힌 숨결
끈적한
땀내로 문질러 줄
촉촉한 바람의 입술 어디 있을까

황천 구석지에서
머리 감는
쓸쓸한 물소릿결을
맨가슴 뒤에서
결대로 빗어 줄 바람의 얼레빗 어디 있을까

가시지 않는 이승 머릿내
불갈기 체위로
태워 주고 갈
탱탱한 바람의 근육
속 터지는 삼신산 적막 어디쯤에서 불어올까

백제금동대향로 · 8
— 푸른 연가戀歌

쓰다듬는데 하늘히 쓰다듬어지지 않는
향 연기는
누가 스치고 가는 허공의 인연인가요

보듬는데 아련히 보듬어지지 않는
향내는
어느 사랑이 애타게 굴곡지는 허릿결 내음인가요

부둥켜안았는데 더웁게 물컹이지 않는
향불 그림자는, 어느 백제 아낙의 살내가
마저 안기지 못한 그리움의 부피인가요

향내의 속살처럼 다 벗어도 보이지 않는
푸른 살결이
얼마나 가슬한 살점인 줄 멍든 그리움만 알 거예요

속으로 타 속으로만 하염없이 허물어지는

헤어지고 남은 이별의 몸내가
생시처럼 푸른 연가 되어 흐늑 흐늑이고 있어요

백제금동대향로 · 9
— 어떤 발굴

천오백 년 다진 잿더미 사연
생석회 흰 줄 그어 가며
칸칸이 토막질 하네
거덜 난 여염집 안방
흙발로 뒤지듯 인정사정없네

누구도 본바닥으로
성형할 수 없는
불덩이 상처
한 겹 한 겹
무참하게 무쇠삽으로 뜯어내네

읽지도 못할 향불 속내
깨진 모서리 맞추어 무얼 어쩌려는지
피멍 개어 구멍 난 구천바닥 메우던
능산陵山 두견이
묘 뒤에 숨어 또렷이 보며 또 벌겋게 울고 있네

백제금동대향로 · 10
— 득음

월주月舟라는 주름투성이 사공
댓뿌리처럼 매듭진 손가락으로
강바람 모아
댓가죽 찢어지도록 장적長笛* 불고 있느니

강바닥에 잠긴
우금치 산울림 들릴 때까지
소용돌이 물울림이
아랫배 치며 미어 오를 때까지 불고 있느니

그래, 화젓가락 달구어
백제 적 대피리에 낮은 음계 불구멍 하나 더 뚫어
곰나루 아스러지게 쓸어 간
철렁한 물결 소리 득음할 때까지

빈 배에 낮달처럼 앉아 내리 불고 있느니

---

* 장적 : 향로에 조각된 종으로 부는 피리.

백제금동대향로 · 11
— 힘

어미 배꼽에 뜨는 쑥뜸 향내다
내 마음의 둥지
곰자리별에서 품어 나오는
아득한 마늘 불내다

내림굿도 못한 어느 잡무당년이
거기가 어디라고
처량한 뱅니 가락 재수 없게 청승 떨며
죽어야 사는 능산 지신 잠 못 들게 하여도

지 애비 무덤도 못 찾는
어느 불상놈이
도굴하듯 능산리 뗏장 몇 덩이 떠 가며
황톳빛 백제어미 가슴에 삽질하여도

내 아들 볼기에 쏘일
베어 갈 수 없는
마늘 쑥 힘

시퍼런 불기운이다

다독다독 파묻어 둔 잿불의 기억 사를 날
너는 알고 있겠지
이승을 떠나지 못하는 외수畏獸*
먹달밤에도 날아다니며 지키는 목숨의 향불이다

---

* 외수 : 향로에 조각된 머리와 어깨에 깃털이 있는 귀신.

백제금동대향로 · 12
— 대행차大行次

긍게 뭐여, 저 금동대향로가 거시기는 거시기인 게비여, 곰나루 큰 질*에 크게 모셔 놓고 향불 올리니께, 벨일여 곰강이 곤두서고 무지개 뜨는디, 무령어라하께서 무덤 문 열고 저벅저벅 행차하시니께 환장할 일 아니여, 그뿐여 사택砂宅대감이 인사동 어느 골동품 점방서 구해 왔는지 말여, 백제 때 토지대장 원본을 침발라 가며 넘기며 어라하께 아뢰는디, 기왕 나선 참에 먼 이웃에 어우리** 준 땅 마름하고 갈라고 욕보는 게빈디 말여

황해 건너 요동 요서 벌판, 어라 양자강 아래 위까지 줄자 대고 먹줄 튕기는디, 글씨 대강 눈치로 봐도 그게 다 우리 땅인 게빈디, 어메 저건 뭐여, 동해 건너 큰 섬 하나를 우리 담노***라고 집 나간 개 먹줄 당기듯 태연히 끌고 오는디, 이게 워치게 된 거여, 참다 참다 오지게 징하니께, 오늘 점심 자시고 사단事端 내는 게빈디

근디 저 아줌니는 누구여, 떴다방은 아닌 거 같은디, 긍게 미국 나성羅城****에서 금방 온 이모라고, 허니께 거기도 우리 외성外城이 된 겨, 허긴 그려 울나라 이름이 원래 백가제해百家濟海잉게, 세상 바다가 다 우리 꺼잉게, 향불 더 올려 봐 대찬 거시기 또 거시기 할 겨

---

* 질 : 길의 충청도 사투리.

** 어우리 : 도지賭地의 충청도 사투리.

*** 담노 : 백제의 지방관청으로 22담노를 경영함.

**** 나성 : ① 성의 외곽 또는 외성. ② '로스앤젤레스' 의 음역.

백제금동대향로 · 13
— 무게

향로 잿더미 비우다
타 버린 그 넋의 무게를 알았다

내 그림자가 체중계를 스치는 순간
저울 바늘이 송곳처럼 무섭게 흔들린다

백제금동대향로 · 14
— 고맙다

그믐밤마다 굴뚝새 날아와
향로 잿더미 헤집고 둥지를 튼다

메 짓는 며느리 앞섶에서
귀에 익은 새 울음이 포근하게 울려 나온다

백제금동대향로 · 15

— 부록附錄

박살 난 사비문泗沘門이야
손 없는 삼짇날 다시 달아도 되지만
백제 마지막 넋불만은
꺼트릴 수 없어라
피반죽 저고리에 향로 싸안고
노을 끝에 찔레꽃 지듯 붉게 떠난 아낙아

가시어도 가시어지지 않는
첫 입술 더운 내 찾아
궁남지 연잎 밟는 물소리로
살갑게 오시어도 좋으이
손톱달 쪽창에 기대어
이제는 실낱 가슴 저미며 향불 사르지 마시게

이전 날 짧은 적삼 걸친 듯
활짝 핀 날젖가슴 물씬물씬 출렁이며
넘치는 젖내 어쩔 수 없어

푸근한 유두 푸근푸근 내미는 목련낭자
든든한 우리 한패가
요 앞에 다발덩이로 활개 치는 거 보이시는가

백제금동대향로 · 16
— 구전口傳

밑불의 암호
향로 녹슨 벽에
까만 그을음으로 그슬려 놓았나니

꺼진 듯한 속불씨
눈물 자국 뜨거운 비밀의 빙점으로
그날까지 웅크리고 있으라 당부했느니

식은 재 동지 밤의 싸늘함으로
명치 속에 쌓아두어 돌이 되라
차라리, 속앓이 담석이 되라 했느니

숨길마다 골수까지 헤집어 끊어질 듯 아파도
아비의 뭉친 뼛가루인 줄 알고
쏟아 버리지 마라, 데리고 살아라

돌무덤 층층이 향 연기 퍼지듯 입내리 되어 오느니

제2부

백제의 미소

백제의 미소 · 1
— 서산마애본존불*

백제도 없는
백제 땅에서
끝까지 살아남아

득도한 돌부처니까
백제의 미소 지어 보라니까
쓸개도 돌이니까

단칸 절벽 암자
만년 객승처럼
허구한 날, 기왕이면 허방허방 웃어 줄 수밖에

---

* 서산마애삼존불상 중 '백제의 미소'로 회자되는 본존불.

백제의 미소 · 2
— 서산마애본존불의 파적破寂

만져서는 안 될 수직의 비밀 모서리
햇살의 정釘으로

천 길 아슬한 입술 도톰히 다듬어 놓고
죽어도 좋을 불륜처럼 산 그림자가 더듬고 있네요

돌부리 저미는
물구름 물소리만 아스러지게 남겨 놓고

뒷모습도 없이 떠나갈
햇발의 돌장이, 그래도 밉지 않아

가는 길
볼그레 물들 때까지 볼그레 웃어 주며

진달래 분홍 분홍진 돌장삼 여미지도 않고
속세의 아쉬운 인연처럼 하냥 손짓하고 있네요

백제의 미소 · 3

— 서산마애본존불의 하산

꽃샘추위에 떠는
각시붓꽃 하이얀 맨꽃덜미
가사라도 벗어 감아 주려고
싸락눈 산길 내려가실지 몰라

허허허
입성 하나 없는 이파리 목숨 저걸 어쩌나

미소의 말씀만 벼랑에 남긴 채
통천通天문 돌빗장 지르고
산빛만 가득 담은 걸망 매고
아주 하산하실지 몰라

목쉰 산비둘기 상좌만
절간 없는 절에서 삼칠일 울고 있네

백제의 미소 · 4
— 서산마애반가사유불*이

턱 고인 손 내리고
아둥아둥 기는 백제의 매에게
꽃밥 개어 아침 고시레 주고 있다

꺾인 죽지 사리며 날지 않으려는
저 세월의 눈치덩이에게
눈물밥 얼마나 더 눈물 없이 챙겨 먹여야 하나

어깨깃에 지평선 날리는 꿈속의 나래짓
누가 다시 가르쳐
부소산 하늘, 푸른 법당으로 어이 날려 보내나

삭은 삭신 옆구리로 가없이 드나드는 문답 거두어
시퍼런 끌로
마른 가슴바닥에 팔만장경 매일 새긴다

---

* 서산마애삼존불상 중 좌측에 자리한 불상.

백제의 미소 · 5

— 서산마애제화갈라보살*의 윗입술

강당골 개울 건너며
공양간 누룽지 뒷짐 두 손에 구수하게 감추고

아무것도 없다
시치미 떼며
윗입술 삐죽 내미는 뾜록한 물웃음 보시게

고만고만한 물푸레나무처럼
졸졸졸 물소리 나는 먹새 일곱 살들이
군침염불 꼴깍꼴깍 우물우물 바라보아

입 안 가득한 누룽지 꿀떡 삼키지도 못하는
파르란 천진불, 고소고소한 저 볼때기 보시게

---

* 서산마애삼존불상 중 우측에 자리한 불상.

백제의 미소 · 6

— 서산마애제화갈라보살의 관상

예산 읍내로 시집 보낸다면유
꽃분홍 붓꽃처럼 주둥이 내미는
행랑살이 열세 살 조것이
차돌맹이 눈빛을
뾰조록 웃음으로 가리는 솜씨가 말여

서당 뒷간 차면
똥장군 오쟁이*에 담아
똥오줌 나게 이고 지고 날라서 잉
새갓통** 넘칠넘칠 훈장님네 밭고랑 고랑
푸지게 삭은 거름 뿌려 가면서 말여

신랑 천자문 글값
몸땡이 하나로 징하게 품앗이했으니께
가랑이 불나도록 글방 고샅티 들랑날랑
맨발고락 꼬랑꼬랑 코린내가유
글메 백 리 멀리 삽다리까지 넘치 것는디

궁게***, 저 관상이면
계집종 눈치팔자 밑천 삼아
코흘리개 애서방을
추사네 집 백송처럼 고고하게 가르쳐
당상관 나리 정도는 맹글거도 남겼슈

* 오쟁이 : 짚으로 엮어 만든 작은 섬.
** 새갓통 : 귀때 달린 나무바가지에 손잡이를 단 그릇.
*** 궁게 : 그러니까의 충청도 사투리.

백제의 미소 · 7

— 어떤 성불

목이라도 뎅경 주니까
가부좌 틀 사지 그나마 부지하고 있는 거여
밤마다 야리야리 문대고 가는
길난 돌코도 덤으로 주니까
보살님네 달빛 고쟁이 벌리는 소리 안 들려
고요고요 철야 정진하기 좋잖여

또 달래서
매가리 없이 조는 노스님 머리
통째로 거저 주니까
뭐꼬 뭐꼬 평생 끝 안 나는 골머리
성불한 듯 느닷없이 꺼떡 끊어지잖아
거봐, 보시 한번 말씀대로 한 거여

웅진박물관 양달 한데에
나당연합군 만고 포로인 양 줄지어 나앉아
여기가 극락여 극락당 툇마루여 더듬거리며
군시러운 돌이끼 등어리

뒤 늘어지게

서로 긁어 주고 있는, 면상 없이도 태평한 돌부처들

백제의 미소 · 8
— 성주사지 돌부처

무쇠로 핏기 쪼아 내린
돌부처 가슴팍에
복숭아 내음 보름달 머물다 갈 유리창이 없어

삼층석탑 돌무개로
밤바람의 적막만 튼튼히 쌓아 놓은 절터
눈 씻고 들여다볼 세월의 유리창이 없어

밤하늘 드르륵 열면
오합사烏合寺* 붉은 말 울음만 울려올 뿐
맘 편히 내다볼 유리창 어디에도 없어

탁발 나갈 생각도 않는 나그네 돌부처 잡고
쫓겨난 고향 절길 물어보면
성가신 듯 달만 바라볼 뿐

달빛 삼천 칸

이 큰 절에

빌어먹을, 유리 없는 유리창마저 한 장도 없어

---

* 오합사 마당에 적마가 나타나 백제는 곧 망하고(『삼국유사』), 삼국통일 후 성주사로 개명됨. 충남 보령 소재.

백제의 미소 · 9
— 미치광이풀*

화살표는 바래서 날아가고
'미륵절' 섭새긴 글자도 백골처럼 삭은
이정표 아래
펄썩 주저앉은 불필不必이라 불리는 구박덩이 머슴
생연초 씹듯 미치광이풀 우적우적
얼능얼능 가 이 빠진 소리 우물거린다

거기 가는 길 거기쯤여
산 그림자 흔들리면 운판 소리 따라가고
배고플 때 풍경 울면 반나절 거리고
선녀탕 목어木魚 꼬리 치면 회 뜨고 가고
이윽고 큰북 울면, 도살장 소들이
벗겨진 가죽 돌려 달라는 떼울음으로 들으며 가고

가 봐
불 지른 사물각에서 무슨 소리 더 울리나 가 봐
공양간 스님 마짓밥 탄내를 속 탄내라 우기는데
큰스님 생소나무 안고 일주문 기둥이라 우기는데

더큰스님 금당 문지방 걸터앉아
금당 없다 손사래 일 년 내내 더 우기는데

아귀 안 맞는 작대기 장단 혼자서 숨 가쁘다
올라가는 구름의 발소리 매일 듣는데
내려오지 않아, 하나도 내려오지 않는데
미륵인가 미륵절인가 있는지 없는지
헛귀신 되어 허장虛葬 땅 헛발질하는지
미친 척 가 봐

무너진 탑돌마저
외양간 툇돌감으로 하나씩 둘씩 몽땅 지고 가
미쳐도 좋을 이 풀 내가 왜 씹는지
일자무식도 가 보면 알아
속잎사귀 쫑긋 세운
미치광이풀이
뜯어 먹히지 않으려 살래살래 방향 없이 피한다

---

* 미치광이풀 : 독이 있어 잘못 먹으면 미친 증상이 생기고 인사불성이 된다. 뿌리와 잎은 약용한다.

백제의 미소 · 10
—백제반가사유상에게

무지렁이도 불성이 있다는디
맞담배 한 대
권해도 될는지 모르겄네유

워쩐대유
당신 허공을 무는 씁씁한 미소를
글씨 아무리 턱 괴고 생각해도
씁시름한 뒷맛 그 세상맛이
달짝지근해야
큰 공부 이루는 거 맞기는 맞는디

담뱃불 댕겨 드릴가유
글메, 생색 안 내려고 우리 그림자까지 홀치며
무영탑無影塔도 세워 주고
생각의 생각, 고 맛 좀 보라고
생각만 하는 보살님을 하나 더 본떠서유
이웃에 봉송封送하는 맘으로 만들어 주는디

워치게
우리 미륵절 마당에다 행패 부리는지
저도유 책상다리 풀고 또 꼬아 보고
시룽시룽
보살님처럼 턱도 받치어 보고
세이레 고민하여 보는디, 정말 거시기네유

으미 재떨이 드려야 쓰겄네유
긍게, 다 털어 버리고 다시 생각해 봐유
도로도로 거시기 때 그 이전부터유

백제의 미소 · 11

— 산난초山蘭草와 고유란가皐有蘭歌*

미륵절 싹 쓸어 간 산불 아직도 꺼지지 않았나요
살아남은 각시붓꽃이 잿불 깔고 앉아
죽음의 틈에 낀
어려운 경經을
가녀리게 긴 잎갈피 넘기며 되뇌고 있어요

솔바람 멈추어 속갈피 재껴 주건만
하늘마루 내려앉듯 걸어가는 해거름 사연
읽지도 못하고
터치지 못할
꽃씨방 가슴만 갑갑하게 싸안고 있어요

여린 새 촉에 멍울진 젖이라도
아프게 물리려
맺힌 핏줄의 쪽문 열고
퉁퉁 불은 젖빛 뿌리
아리게 뻗어 내릴 수밖에요

해가름이 무언지도 몰라 시들지 않고 버터야 하는
풀잎이라도 되어
머릿수건 아낙을 닮은
각시붓꽃 되어
그 몸 내음 저리며 숨어 살고 있어요

파묻지도 못하고 지천으로 버려진 백제 음지에
애옥하게 흔들리는 풀이슬
풀색 저고리 같은 꽃잎사귀 소매 접어 올리며
새벽마다 고이는 늘 그런 눈물이려니
훔치지도 않는 남녘의 그늘꽃이어요

온몸 매달아 울 처마마저 잿더미 되어
울 수도 울지도 않을 풍경 소리
미륵 바람결에 그 먼 이승 소리 들릴까
긴 꽃덜미 그래도 일으키며
고쳐지지 않는 귀울음 천오백 년 참아내고 있어요

---

* 고유란가 : 가사와 곡이 전해지지 않는 백제유민의 노래.

백제의 미소 · 12
— 동문서답

밭고랑 쪼그려 앉아
시원하게 싸지르는 떨림소리로
여그가 미륵절 해우소 자리 맞지라
오메오메 으짜라고 두렁에 말뚝 되어 서 있소
진저리 치며 벌겋게 능청 떠는데

절골 지나가다 오도 가도 못하고
눈 감은 척 실눈 뜬
사주쟁이 허 거사
뱀이여
뱀띠여

옹동댁이 목련빛 볼기짝 여미지도 못하고
화들짝 허옇게 일어서는데
치마끈이 백사白蛇처럼 소피 개울에 꿈틀대는데
하이고메 쏘내기 처내릴 것 같지라
식은땀 겨드랑젖살 화끈화끈 손부채 처대는데

불일폭포 산 가랑이 터진당가
자네 오줌발 소리에 재 너머 된장독 다 깨지는디
지기럴
서라벌 남산에서 보름달 깔고 앉아 볼일 봤으면
지대로智大路* 마누라 지대로** 되고도 남는 건디

백모란 관상에 속궁합 사주는
떼어 놓은 왕비 팔자인디
그거 참, 들삼재 백제 땅 냉기 시방 하초에 스쳤으니
으짜겄소
사나운 일진日辰 그게 다 뒷간 몽당귀신 수작이지라

---

* 지대로 : 남근이 장대하여 배필을 구하는 데 어려움을 겪은 신라 22대 지철로智哲老왕의 이름.(『삼국유사』)
** 지대로 : 제대로의 충청, 전라도 사투리.

백제의 미소 · 13
— 지탄강에서

닦달한다 개여울이 밤만 되면 어굴어굴
왜 살얼음 밑으로 귓속말처럼 흐르는지

안달한다 언제부터 샛강들이 모이고 모여
왜 물소리도 없이 태연히 큰 물결로 흐르는지

어라
어느 날부터 강바닥 그 아래에

왜 밀어密語의 강줄기 따로 만들어
송사리 떼만 아는 물내로 숨어 흘러가는지

대동여지도에 대놓고 그리지 않고
어떤 비표秘標의 물색으로 흘러 흘러 갈 건지

멀거니 서 있는 강변 미루나무에게
제발 아는 대로 말하라 하는지 인제는 통사정한다

지탄강 구절초 피다 말고
꽃 모가지만 절래절래 흔들어 쌓는다

백제의 미소 · 14

— 무령왕비 은팔찌의 언적言的*

서방님도 웅진성熊津城에 환생하셨군요
어깨까지 내린
달빛 잠옷
왕비 침실에 비치면
옛 발걸음으로 오시어요

저승길 헤매다 혹 헤어지면
다리야 다리야 외치며 찾겠노라고
포개어진 허벅다리
등잔불 그림자로
몽촌토성 움집에서 몸짓했잖아요

아득한 제 순처녀 적 이름 '다리' 를
우리의 비밀인 언적을
이 은팔찌 안쪽에
이두문자인 척 多利**라 새기려
백제 땅에 되살아오실 줄 알았어요

다가오시어요
용틀임 고리로 허적이는 제 손목 휘감고 계시다
이 이승 끝나면
전생의 첫날밤으로 데려가
물안개 가물대는 물결체위로 안아 주시고

옛 그리움만 몽실히 고인
앞가슴 물때
달맞이꽃 밤이슬로
몸결대로 꽃결대로
꿈결처럼 이슥토록 씻어 주시어요

---

* 언적 : 남이 모르게 자기들끼리만 통하는 구호.

** 다리多利 : 무령왕비의 은팔찌 안쪽에 새겨진 한자. 팔찌를 만든 장인의 이름으로 추정함.

백제의 미소 · 15
— 백제 울타리*

울 세워 무엇하나
이엉집 저녁연기처럼 스러져
힘없이 허물어질 꺼실한 어둠에

노을빛 소식 같은 거
바라지도 않는 산골에
버려진 듯 처져
주인 잃은 마당
헛지키며
천오백 년 썩지도 못하는 굴참나무 울타리 있네

사립짝 미는
그리운 바람소리라도 행여 들릴까
뒤꼍 너머 야윈 산죽길
스산히 돌아보려 해도
돌려지지 않는 목 뒤 숨골은

깨진 옹관 사이 백토 숨결로 굳어 있네

아예 무너져 순장되고 싶은 백제 억장 울타리
삭정이에 허기진 한숨 기대며
부들부들 부들 줄기처럼 그래도 일어서 있어야 하나

---

* 부여 능산리 나성 동문 터 안쪽의 백제 유적에서 출토된 굴참나무 울타리로 국립부여박물관에 전시되고 있음.

백제의 미소 · 16

— 백제탑의 본관本貫

내 이마에 평제탑平濟塔이라 먹물 떠 놓고
보는 사람마다 외우라니
자비를 베풀 불탑의 처지로
그 모자란 놈 주리 틀 수도 없고

중생 게으르게 돌본 뒤치다꺼리 하려니
남은 살점 찢어 소지 올리며
목탁 빼앗겨도
생가슴 두드리며 탑돌이 해야 하는 까닭이 있다

아물지 못하는 돌결상처
가랑비에도 쓰라린데
어금니 물고 입선立禪 해야 하는
서러웁도록 단단한 돌고집이 있다

부소산 무너질 때 함께 무너지지 못하고
여태까지 헤프게 솟은 업이려니

지나가는 세월이 깨진 기왓장에
난데없이 정림사지 오층탑이라 낙인 지지든 말든

한가한 나리가 책상머리 두드리며
최후의 백제탑이라 불러 주마
잘난 낙관 허투루 찍든 말든
언제 비틀릴지 모를 내 본관만은 꼭 찾으려

옥개석 야물게 여미며
비전秘傳되는
바람의 백제유사
그 달빛 갈피 차갑게 뒤적이고 있다

백제의 미소 · 17

— 곰사당에서

곰굴 웅어리진 닫음이다
꺼먼 돌문
포개어 지른 돌빗장
누가 열려고 하는지, 신주神呪도 없이

끝닿은 적 없는 돌널 어둠 끝
누가 내려가
돌곰 뒷발목에 박힌 돌고드름
왜 뽑으려 하는지, 지석誌石도 읽지 않고

무너진 돌 더미 찬 세월에 가위 눌려도
고마와 니마*의 남은 체온 이불 삼아
근근이 자는 돌곰
왜 외딴집에 썰렁히 가두는지, 만세력도 꼽지 않고

곰나루 외솔나무 동티 나게
뼈 없는 말[語]만 건드려

전설의 후렴 듣지도 않고
가면 그만인 강바람에 실없이 날리고 있다

아직도 해독되지 못한
백제의 탯말**, 굵고 느릿느릿한 곰울음은
화강암 침묵으로
곰강바닥 비처秘處에 천오백 년 잠겨 있는데

* 고마와 니마 : 곰과 님의 고어古語.
** 탯말 : 사투리.

백제의 미소 · 18

— 익산 미륵사지에서

무너진 탑 전설 모아
물결도 없는 연못에 구층 물그림자 세우고

아무것도 아니라는 말씀 위에
아무것도 없는 시간 위에
바람뭉치 주춧돌 놓고

허공의 묵언도 머물지 않을 폐허에
달빛자락 다듬어
적멸궁 짓고, 달무리 단청 덧입히고

그냥 왔다 간다며
순은빛 법업法業 한 채 파르라이 남기고 가는
뒷덜미 고운 여승

차마 못 잊어
미륵산 오르다 만 반달이 뒤꿈치 들고 따라가고

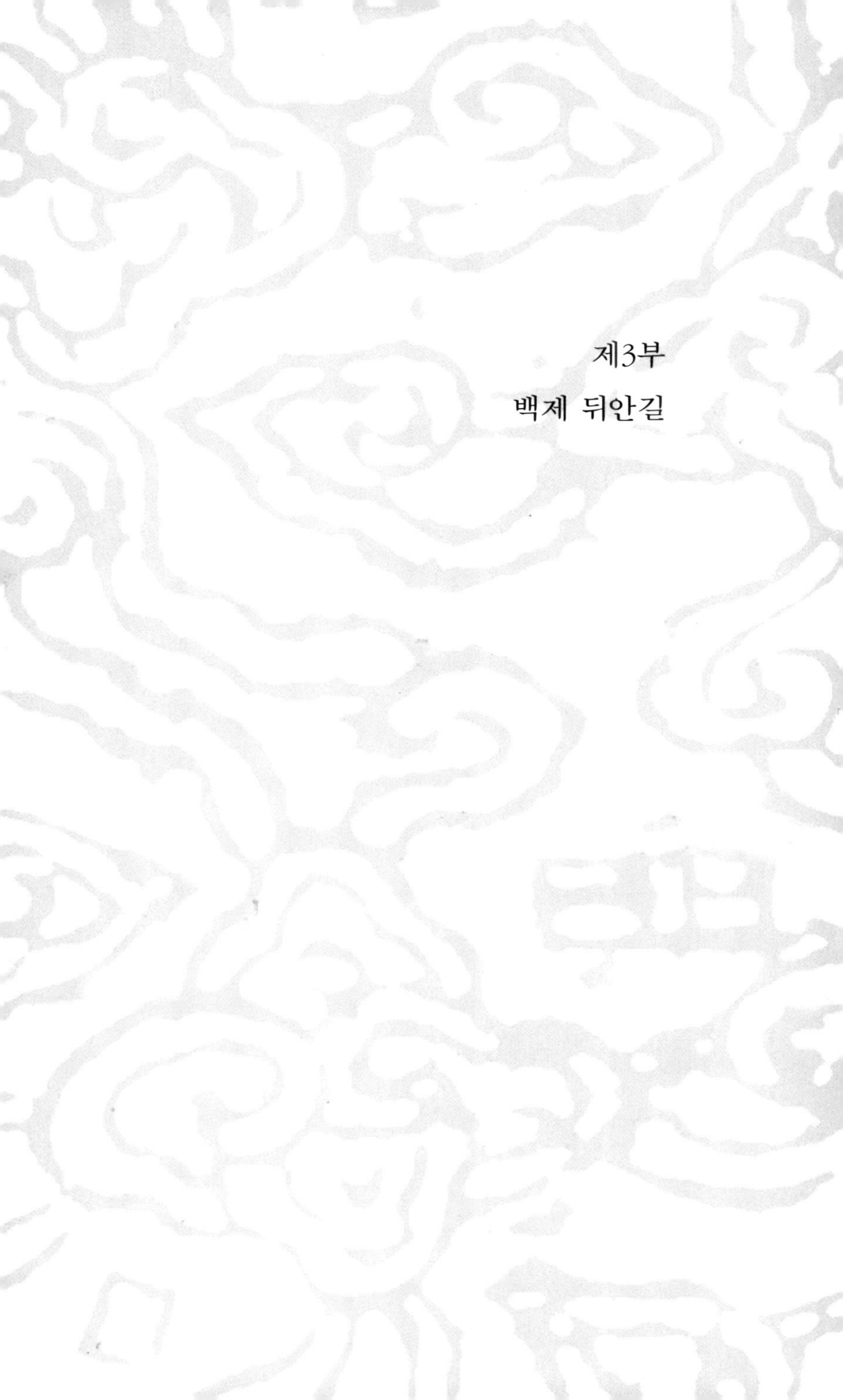

제3부

백제 뒤안길

백제 뒤안길 · 1
— 어떤 질문

하늘이
하늘을 가출하고 말았다

안개비 젖은 연꽃구름이
밑 빠진 허공 더듬으며

하필이면
백제 막새기와 허물어진 처마에 기대어

언제 햇살이 비칠까
언제 우리 하늘이 돌아오나

바람벽에 매달린 먼지투성이 넉가래*에게
일기예보 어떠냐고 귀찮게 자꾸 물어보고 있다

---

* 넉가래 : 곡식, 눈 따위를 한곳에 밀어 모으는 데 쓰는 기구.

백제 뒤안길 · 2
— 웅진도독부에 들른 중광重光*

홀딱 벗고 건들건들
구드레** 각시귀신 맨궁둥잇짓에
맞장구치며
얼근하게 바라춤이나 출까나
찰떡쿵 박자 엇갈리면 얼얼하게 씻나락이나 깔까나

사타구니 살작대기에 봉걸레붓 매달고
걸레 같은 세월, 한 많은 걸레처럼 그려 볼까나
꺼멓게 담든 백마강물 듬뿍 찍어
웅진도독부 배불뚝이 기둥에
미련한 것들 숙제감으로 주련이나 써 줄까나

절도 중도 없는 허깨비 절에
괜히 서 있는 백제탑
아무 놈이나 낙서하고 가는 탑면상에
돌장승이나 끄덕거릴
헐, 개똥 같은 파계의 오도송이나 휘갈겨 줄까나

돌아갈 때 곡차 탁발 길 가래톳 나게
울퉁불퉁 쪼그라트린 삼국통일 산경도에
열불 터져 자빠진 새 한 마리나 후딱 그려 볼까나
그려, 오줌을 대놓고 싸지르고
수결手決 치듯 가운뎃손가락으로 휘저어 줄까나

달마와 맞술 하는 재미로
안주거리 이승
괜히 왔다 가다***
이 나간 소주잔 금 간 노을만 벌겋게 마시고
죽어서야 발 뻗고 모로 누워

와선삼매에 대취할 말짱하도록 거나한 큰 선사

---

* 중광 : 파계와 기행으로 승적을 박탈당한 애칭 걸레스님.
** 구드레 : 부여 낙화암 아래 나루터.
*** 중광의 달마전展 〈괜히 왔다 간다〉 차운次韻.

백제 뒤안길 · 3
— 소피호자所避虎子*

야리게 내미는
앞가슴 고랑에
갈증 난 듯 할딱이는 저 목구멍에

들이밀가 말가
캄캄한 천 길 구렁에 한 달 굶은 암호랑이
울화병 덧나 송곳니 갈고 있을지 몰라

뺄가 말가
첩년처럼 미끈한 꽃뱀
원초의 촉감으로 스멀스멀 감고 조일지 몰라

고거 참, 오줌보 터지는데

생긴 대로 들이밀기엔 아리송 켕기고
아쉽게 빼기에는 환장하게 급한데
괴춤 내리다

덜컹
아랫도리 콱 걸리도록
감질나게 생각 깊은 오줌통

---

* 호자虎子는 호랑이와 같은 모양의 그릇을 의미하는데, 부여 군수리 출토 호자는 남성용 소변기로 사용되었다.

백제 뒤안길 · 4
— 백제 좌변기 흘깃 보다가

글메 염복은 사주팔자잉게
복주머니꽃* 차고 태어난
빨갛게 단 웃말 개불알꽃이 말여
벌건 대낮에
치근치근 아랫말 털요강꽃에 잉
후끈 기대어 땡볕 징하게 욕보는디

워매워매
요강꽃 꽃볼기짝
조로코롬 밝히면 말여
새참 이고 가는 새댁
겨드랑꽃살에도
더운 꽃 홍건히 피는 건디

조막댕이 들꽃 하나 둘러싸고 잉
농주農酒가 후끈후끈 쯘적거리게 말여

씨알도 안 영그는
말[語]농사나 푸지게 짓다 말여
당나라 떼놈이
정말로 본마누라 업어 가도 구경만 하게 생겼는디

---

* 복주머니꽃 : 개불알꽃, 요강꽃, 털요강꽃, 광능요강꽃이라고도 불린다.

백제 뒤안길 · 5

— 도미都彌부인*의 노을 무덤에

손때 탄 꽃적삼 벗어 놓고 가네
때찔레 꽃비늘 털듯
울렁이는 파도에 꽃살점 빨갛게 흩치어 놓고 가네
매몰차게 웅그린 꽃부리만
그 모진 눈물 한 점만
동그라이 조각배에 뉘여
썰물가슴 싸늘히
찐득이는 뻘밭 길 세상 혼자 스러져야 하는가

이승을 동여맨
네 치마허리 뒷모습이 서럽도록 아름답구나

비릿한 귓속말
도미항 물결에 출렁 씻어 버리고 가네
네 종아리로는
이고 갈 수 없는 한나절
그림자만 긴 그리움 무거워라

철썩철썩 부대끼고 부서지며
그늘 없는 얼굴로
찬물 속에 깨끗이 저무는 꽃불덩이 네가

손짓도 없이 멀어져 가
껴안을 수 없는 노을처럼 안타깝도록 아름답구나

---

* 도미부인 : 백제 개로왕의 요구를 거부하고, 귀양 간 남편을 찾아 충남 보령 도미항을 떠났다는 『삼국유사』 기록과 구전.

백제 뒤안길 · 6
— 고란사 고란초*

낙화암 그늘 오가리 든 잎새에
흐느끼듯 매달린 이슬이 이슬을 파고들면
눈물처럼 맺은 날몸 하나로 무얼 어이하리야

잎새 목 저 안에 괴어 둔
한 모금 눈물샘마저 말라
목메어 시들어 버릴 고란초 어이하리야

살아야지 가물어도 그날까지 내리 살아야지
천오백 년 벼랑세월 움켜쥐던
초록 힘줄, 꺼먼 이끼 죽음꽃 번져 어이하리야

기우제 올리랴
차라리, 호박琥珀 속에 물화석이 된
삼천 눈물방울 쏟아부어 너를 살리랴

백제의 마지막 산목숨 하나 어이 어이하리야

* 고란사 고란초는 근년에 원자리에서 절멸함.

백제 뒤안길 · 7
— 백화정* 애가

첨벙첨벙 지는 삼천 물봉선화
그날
추사암** 적의사자赤衣使者, 고추잠자리 떼 되어

순하디순한 잘록한 몸뚱이 하나로
벼랑 끝을 마디마디 붉게 문대어
백마강 얼룩진 파문에 시리게 풀어 주고

찢긴 댕기 날리듯 물하늘에 떨어지는 노을을
가냘픈 날개로
그 그리메까지 애절하게 따라 날며

멈출 수 없는 나래짓 적막으로
영영
마르지 않을 허공 핏물, 숨죽이며 저리 말리고

---

* 백화정百花亭 : 낙화암 위의 정자.

** 추사암墜死巖 : 『삼국유사』에 기록된 낙화암의 다른 이름.

백제 뒤안길 · 8
— 은선폭포*

물벽에 맺힌 목청 던지어
소쩍새 설운 목 감아 오는 은선폭포
계룡산 떠나지 못하는
아사녀 목메임이어요

어차피 떨어져 흐슬어지고 말
물벼랑 알몸이지만
수직으로 서서
발갛게 보여 줄 수는 없잖아요

수그리고 누워
물이파리로 야윈 아랫배 가리고
낫지 않는 옆구리 결림
쇠별꽃 다발로 두드리고 있어요

상처의 더께를 불리는 물소리
산 밖에 들리면 어쩌나

백제 손톱달이

눈물 골짝 떠나지 못하고 애태우고 있어요

---

* 은선隱仙폭포 : 계룡산에 있는 누운 폭포.

백제 뒤안길 · 9
— 남매탑*

사랑아
목련처럼 가릴 잎새 하나 없어
오들오들 벗고 피어야 하는
꽃살이려면
바위 하나 단단히 껴안고 피는 돌단풍 되어라

목덜미에 고인
어젯밤 애달픈 숨결
돌결도 없는 쑥돌이 되어
사랑아, 인연의 끝까지 하늘탑 올리고
문대어도 닳지 않을 젖빛 석련石蓮으로 피어라

허공 한 짐
평생 지고 가는 지게에
덤으로 올려 버려도 될
허연 부피도 만질 것도 없는 사랑아

마주 앉은 돌이 되어

이끼 낀

초록 돌꽃 돌 내음으로 피어라, 바람 한 바랑 사랑아

---

* 남매탑 : 스님과 이루지 못할 사랑을 탑으로 쌓았다는 백제 전설. 계룡산 청량사지 쌍탑.

백제 뒤안길 · 10

— 공산성* 밤 강에

초승달 옆구리처럼
없는 듯 보이는
흔적 없는 백제의 흔적이 밤 물그림자에 어리다

달빛 백지세월에 구겨진
누구도
뜯어낼 수 없는 젖은 얼룩이 밤 물바닥에 어리다

달무리에 숨어
소쩍새 통곡을 참는
바람의 발자취, 밤 물마루**에 철렁 목메이게 어리다

---

* 공산성公山城 : 공주 금강변의 백제 산성.

** 물마루 : 높이 솟은 물의 그 고비. 파두波頭.

백제 뒤안길 · 11
— 탁본

천진한 도깨비를 뚝딱 멸종시킨 후 도깨비 장단 치며 놀아나는 도깨비 있다

불 뿜어낼 듯 부라리는 도깨비 얼굴을 뚝딱 전돌에 구워 승전의 바닥에 깔고, 강탈한 방망이 들고 으샤으샤 한 방이면 다 끝난다고, 겁도 없이 뚜두딱딱 닥치는 대로 뚜드린다

볼때기 깨진 귀면*이 오장육부 뒤틀어 황토 게워내며, 굴뚝에 감춰 놓은 원본 방망이 뚝딱 꺼내 들것 같은, 송곳니에 살얼음 어는 미소 짓는다

도깨비는 죽여도 깔딱 죽지 않는다는, 늑대소년처럼 자꾸 까불면 해코지도 뚝딱 한다는, 그 묘지석을 탁본하여 까막눈이면 읽어나 달라지, 제일 쉬운 가위표 상형문자도 모르고 헤까닥 설치다니

* 귀면鬼面 : 보물 343호, 백제 도깨비 얼굴 무늬 벽돌.

백제 뒤안길 · 12
— 대한민국 보물 21호와 똥 비석

도굴계 거장 강뻘따구가 은퇴 기념 작업하는데, 소주 한 잔 깔딱 비우듯 한순간에, 그토록 탐내던 유인원 기공비* 그 큰 돌짝을 마술같이 훔치고, 비석 들어 낸 고 자리에 독 오른 독사처럼 똬리 튼 된똥을 도둑놈 버릇대로 싸 놓고 사라졌다는데

그게, 국립박물관 앞뜰에 보란 듯이 세워 놓은 낯반대기 잘난 비석이라, 보물 21호라, 나랏돈으로 비각까지 세워 주고 떼놈인 소정방 졸병을 조상님처럼 끔찍이 위해야 하는데, 어거지로 모시고 사느라, 싫은 소리 싫어하는 백제 사람들 먹는 대로 얹히는데

맞은 놈만 곪는 속앓이 내림병, 우리만 아는 천오백 년 묵은 체증을 고소고소하게 한방에 뻥 뚫어 준 대도大盜니까, 그런 도적질 얼마든지 하라고, 그 위인 똥덩이를 비석으로 세워 주어야 한다고, 신나게 수군수군 거리는데

---

* 유인원 기공비 : 당나라 장수 소정방의 부하인 유인원이 백제 부흥군을 평정했음을 기념하여 세운 기공비.

백제 뒤안길 · 13
— 아버지

미루나무 긴 그림자
산처럼 지게에 지고

지탄강 맞바람 여울
허적처적 건너가는 하얀 고무신

평생 살붙이라고는 지게 작대기 하나

백제 뒤안길 · 14
— 비석까기*

대갈맹이 쇠똥도 안 벗겨진 조것들이유
언제 어디서 배웠는지
돌멩이 하나
뿔난 주먹손처럼
새가슴에 척 얹어 가지고서유
허리 휠 대로 휜
팔자걸음으로
우뚝 선 비석 자빠뜨리려 어기짱어기짱 가는디

비석까기 이골 난
마른 버즘 저놈은유
부랄 밑에 납작돌을 꼬옥 끼고서유
솜바지 똥싸배기 시늉으로
어기적어기적 가서
에라 이놈아 내 똥 맛 좀 봐라
유인원 장군 공덕비** 마당에서
물개똥 냅다 지르듯 비석까기 장난질 치는디

우리 고고조 시할아버지도 꼬맹이 때
저로코롬
거시기 거시기하며 놀다가
순라꾼한테 뒈지게 경치고
벽장에 숨어 살고
고로코롬 입내리 하는 덴디
거 거기가 워 워디라고
거 겁도 어 없이 저러니 워 워쩌야 좋대유

* 비석까기 : 어린이 놀이 비석치기의 충청도 사투리.

** 유인원 장군 공덕비 : 유인원은 백제를 패망시킨 소정방의 부하이고, 이 비는 부소산에서 국립부여박물관으로 이전하여 보물로 전시함.

백제 뒤안길 · 15

— 아랫돌 빼서 웃둑 막고

하루 살기가유
새는 방죽 아실아실 걷기인디
마누라까지 속곳바람 몸뚱이로 막어도유
구멍 난 바가지 살림 워치게 틀어막을 방안 없는디

짠지 한 가지 밥상
숟가락 뒤집개질하도록 털썩 내려놓는 짓이유
글씨 둑방 터지듯
터지기는 금시 터질 것 같은디

인자는유 섬칫섬칫 가스러지는 물가마냥
철렁철렁 넘치는 날젖가슴 꼬라지가유
불어터져 넘칠려고
거무팅팅 부풀 대로 부풀어 가는디

이판대감이 지기미 저판대감잉게 안그려 잉
저고리 고름 북 뜯어 제치고

확 터져 부러
언놈 밑천이든 터져 부러야 한당께 거품 무는디

배곯아 죽어도
장리쌀 되물리는
오살지게 독한 이녁이
자루 빠진 호미 거꾸로 들고 나서는디

기어코 아랫돌 빼서
웃둑 터칠려고 환장하는 게빈디
촌놈 마누라쟁이 벗어부치면
얼매나 맵고 무서운지

고릿적 방죽 와르르 해야
진짜배기 물난리 터져야, 고 찡한 맛 쬐끔 볼 거유

백제 뒤안길 · 16
— 백제토기 전시실에서

시할미 똥 치니께
시미 배고프다 난장여
또 아침 전쟁 나는 게빈디
금간 요강단지 박살 나는디
방자요강 사오라고 발작타령 하고 말건디
삼대 과부 그런 하루가
째그렁째그렁 시작되는 게빈디

글메,
황산벌 화살 받이로
똥지게 받이 동네 사내 씨 말렸다고
우라질 백제 땅
다 파 가지는 안을 겡게
묵정밭 뚱딴지 새참 거르고 캘 겨 굶고 캘 겨
자갈밭 똥거름 칠 겨 말 겨

젖팅이에 똥물 낙수 하니께

똥장군 이고
새서방 생각나
씰룩씰룩 되바라지게 걷지 말랑께
억수가슴 쏟아져도
똬리끈 하나는
어금니 뭉그러지도록 꽉 물고 가야지 워쩔껴

뭘 봐, 난리 통에는
시미 잔소리 심*이 뚝배기 순장** 뚝심이 되는 겨

* 심 : 힘의 충청도 사투리.
** 순장 : 우리나라 고유의 순장順將바둑에서 차용.

백제 뒤안길 · 17
— 으능정이*에서

새아가
복 받으러 마중 나가자
선화공주님 천 리 신행길 오시네
서방님 나라 첫 길목
목척다리 찬물로
꽃몸매 등물하고 당찬 백제 며느리 되시네

개울 소리 초록초록 디디며
새 이파리 초록 지게 오시네
성황당 꿈길 요 자리에서 빌고 빌며
으능나무** 한 쌍 심어 놓고 간
사랑 이야기
야무진 볼우물에 고인 질긴 정성이려니

뒤꽂이 흔들리지 않는
꽃신 발걸음으로
으능잎 다복다복 개키는

새아가

바라만 보아도 단단하게 여무는 그리움

봉곳이 가슴에 담아 묵은 순금빛으로 익어도 좋으리

---

* 으능정이 : 대전시 은행동 문화의 거리 옛 지명.

** 으능나무 : 은행나무.

백제 뒤안길 · 18
— 텃밭 사이

텃밭 사이 턱이 없어
애호박 주렁주렁 딸린 호박 넝쿨들
내 고랑 네 이랑 가리지 않고
병아리 몰고 다니듯 동그르르 나다니고

텃밭 둘레 깨꽃 그림자 길면
아궁이 밑불 다 삭을 때까지
감골댁 쑥말댁 깨 볶는 입심
온 동네 된장국 코리코리 뒤섞여 자갈자갈 거리고

텃밭 구석지 쇠오줌 뜨는 내
맏손주 장딴지에 마르는 논바닥 물 내가
모깃불 따라 비릿비릿 어울려 퍼지는 밤
할아버지 고부랑 냄새까지 구리구리 구수하고

부러운 텃밭 사이
보름달마저 한식구 되고 싶어

구시렁 구시렁대는 할머니 무릎에 내려앉아
옛날 옛적 서동薯童 이야기 가물가물 듣고

백제 뒤안길 · 19

— 본풀이*

놀뫼** 구석지 서너 삽 무너진다고
산태극山太極 계룡산 어느 끝자락이
아비 품속 같은
쌀개능선***
매가리 없이 버리고 떠났다네
맥 끊긴 산줄기 힘이 없다네, 언놈이 신소리하는지

피칼 몇 개 헹군다고
수태극水太極 금강 어느 물줄기가
뜸봉샘****
탯물 내음 잊어버리고 생각 없이 흐른다네
빗살물결 상처 외면하면서
굽실굽실 흐른다네, 언년이 자발자발 거리는지

어미는 안다
뭉그러진 등뼈마디 고통이
어찌 허리에만 머물러 있으리

등고랑 아물며 흐르는
세월의 흉터가
어찌 찔레꽃 가시 자국뿐이리

어미 매듭손 안에는
끊어지지 않는 강물 가물어도 흐른다
쑤시는 등마루 굴곡진 아픔마다 약쑥 태우고
아사달 아들아
계룡산 금강 본풀이 되뇌며
꺾이지 않는 백제 하늘처럼 너는 꿋꿋이 버티겠지

---

* 본풀이 : 산이나 강의 일대기나 근본에 대한 풀이를 이르는 말.
** 놀뫼 : 계백이 패한 황산벌.
*** 쌀개능선 : 계룡산의 주능선.
**** 뜸봉샘 : 금강의 발원지.

백제 뒤안길 · 20
— 부주전 상서

내 새끼 밥줄 쇠똥 한 덩이
뙤약볕 반죽으로 주무르고 뭉치어

당신 몸집보다 더 오지게 뭉치어
피땀 저린 목숨, 오기의 목숨으로 굴리며

수레티*마루
대굴대굴 넘어오는 까만 말똥구리, 아 우리 아버지

---

* 수레티 : 「훈요십조」의 차현車峴.

제4부

백제 노래

백제 노래 · 1
— 개심사開心寺* 환청

풍경風磬은
노을 속
뜨거운 쇳물
떨구고 떨구고

녹물 저리도록
천오백 년 오체투지 하는
낙숫물받이 돌덩이 등때기에
불뜸 뜨듯 떨구고 떨구고

---

* 개심사 : 의자왕 때 창건, 현 대웅전 기단은 백제 때 것이며 충남 서산 소재.

백제 노래 · 2
— 남근목간男根木簡*의 주술

아래층 무균질 여류 시인에게 댓글을 야로 타법으로 전송한다. 맨살의 홑소리와 닿소리가 체위를 바꿔 가며 부둥켜안는 시커먼 문자의 신음에 치명적인 바이러스가 묻어간 듯, 구석구석 소독하듯, 몸 씻는 물소리에 위층 초현실주의 사내 시인은 몸 보시의 보내기를 삭제하고, 동시에 오류 전송된 아랫도리 훈김을 컴퓨터 휴지통에서 밤새 찾고 있다.

그렇지, 골동품 냄새나는 서정시 풍류가 낮 다르고 밤 다르게 비치는 그녀의 백자빛 곡선에 두루 어울릴 거야. 견본으로 사타구니 뜨거움을 한주먹 꾸리꾸리 꺼내어, 똑같은 체온 부피로 물박달나무를 실감나게 다듬어 남근을 만든다. 귀두에 大无奉義(대무봉의)라 목간시詩를 닳아 지워지지 말라고 음각으로 새기고, 하늘 막대기가 마땅히 해야 할 의로운 일이로다 각오한다. 손잡이에 道緣立立立(도연입입입) 붓으로 내리쓰며 육신의 길 따라 세우마 도로 세워, 길가 철골 미루나무처럼 도로도로 세웠다가 장작 빠개지는 소리로 외롭게 식은 아랫목 불 질러 주마 다짐한다. 은장도 대신 부적처럼 차고 다니라고 끈 구멍까지 뚫어 준다.

초고속 광케이블에 매달아 묵직한 시 한 줄 내리니 빈 줄만 올라왔다. 육감스런 행간에 야사야사하게 드러눕는 생살 소리 들리고, 그녀의 숨결에 달궈진 청동거울에 맨드라미 꽃 비린내가 가쁘게 흐적인다. 새보던** 쪽달이 남근목간 매끈한 머리에 흐르는 진땀을 물휴지로 훔쳐 컴퓨터 바탕화면 휴지통에 벙긋이 버리고 간다.

* 남근목간 : 부여 군수리에서 출토됨. 귀두에 大无奉義(대무봉의)라 음각되어 있고, 손잡이에 道緣入入入(도연입입입) 먹글씨가 써 있음.

** 새보다 : '훔쳐보다', '몰래보다' 의 속어.

백제 노래 · 3

— 대무봉大无奉*경經

비나이다
은하수 달무리로 뒷물하고
벌거벗은 엉덩이
밤새도록 대놓고 내두르는 오뉴월 저 보름달

잘생긴 이 남근 작대기 여의봉인 듯 둔갑시켜
저 달 년 볼기짝
까무러치도록 곤장 쳐
깔딱고개 깔딱 넘어가게 비나이다

곁서방 하나쯤 당당하게 차고 사는
앙칼진 연속극 마누라 살찐 똥뱃살도
신들린 홍두깨 이 남근봉으로 작신작신
즉시즉시 다스려 헤벌리고 자게 좀 해 주시고

요지경 가랑이에 혹사마귀 신세로 붙어살다가
수사마귀처럼 죽으려 살으마

신장神將대처럼 대무봉 꼭 쥐고 벌벌 떨며
백팔 번 억울해서 달빛 요대기에 싹싹 비나이다

* 대무봉 : 남근목간 귀두에 음각된 백제 이두 시詩. 대무大无를 큰 또는 거룩한 등의 주술적 앞말로 푼다.

백제 노래 · 4
— 정읍가*운韻

여울 그리메 흔들리는 속살결로 기다리는데
그리움 젖은 속살 속삭속삭 물소리 나게 씻는데
강물이 강자락 버리고
차마 강을 떠나지는 못하겠지라

만경강 굽이굽이 부대끼며 떠돌다가
아리따운 샛강 물풀 흐느적거리면
암시러워라
각시붕어 젖빛 꼬리 따라가다 물길 놓치겠지만

질퍽질퍽 흙탕물 가라앉으면
본각시 설움 밴 여울 소리 매듭 잡고
어긔야
소내기 뚫고 후둘후둘 되올라오시겠지라

강바닥에 흘려보내는 옛 물 내만
옛 겨드랑 내음만 그리그리 후비고 찾아

객지 물에 상한 아가미 피멍 감춘 채
힘 빠진 가물치처럼 야리야리게 거슬러 오시겠지라

* 정읍가 : 가사와 곡조가 전해지는 백제가요.

백제 노래 · 5
— 지리산가歌*

피죽 먹이느니
생원 할배 씨받이라도 보낸다면
장독대 단지처럼 앉아
지그시 입술 깨물던 저 애가

스치기만 해도 상처 나는
꽃잎으로 피기 싫어
돌벼랑에
꽃모가지 매달고 개꽃처럼 시든 저 애가

미쳤어야
꽃가지 입에 물고
살분홍 이승 꼭지
봉곳봉곳 생꽃물 아슬아슬 들이고

정말 미쳤어야
총각귀신 우글거리는

뱀사골 골탱이에
피다 만 꽃잎저고리 훌렁 벗어 던지며

조막 봉오리 아이아이 터치고
순처녀빛 문대는 대로 번지는 산불
킬킬킬
원 없이 지르며

모질게
되살아나는
개꽃
불갈기 불귀신각시로 신통하게 되살아왔어야

---

* 지리산가 : 지리산골 여인의 정절, 저항을 담은 가사가 전해지지 않는 백제 가요.

백제 노래 · 6

— 육자배기 선운산가歌*

오든 가든 아는 체 않는
서운한 선운사 가다 말고
풍천 장어
미이끌 파고들 듯
동백기름 내 절은
삼거리주막 한 가락 걸치다 갈까나

탁배기 찌꺼기처럼
시큼달짝한 매화 년 찾았는데
법당마당 매화나무에
젖은 눈썹 시리게 매어달고
앞섶 잘린 저고리 팔랑이며
눈 범벅 빨간 그리움 매화타령이나 처대고

술항아리 허리 같은 주모는
그 잡놈 누룩 맛 사랑이 여직 얼근하다는데
팅팅 부푼 동백꽃부리에

시詩 한 줄 처대고 간 날건달 기러기
이슥히 날아오려나
구들장 덥혀 보랑게 자발머리없이 나대고

아궁이 불 쑤시는 언년인
군불 연기 눈물에
비릿한 고향 머슴애 매콤하게 그리는데
흐미 꽃불 났어야
고년 첫 달거리 동백꽃불이
짓광목치마에 붙은 줄도 모르고

---

* 선운산가 : 가사가 전해지지 않는 백제 망부가.

백제 노래 · 7
— 방등산가方等山歌*

산적소굴 잡혀 와
악장치며 살아도
가슴싸개 꽃단내
뒷문만은
채송화 같은 자물쇠
단단하게 잠그고 버티는데

고향 빈집 대청마루에서
녹슨 열쇠 움켜쥐고
말코 불 듯 코만 고는
버릴 수도 없는 저 말상[馬相]
싸리말** 태우고 손 털 듯
안장 없어도 좋아라 힘센 조랑말이나 찾고 싶은데

삼베 홑청 들추고 들어와
꽃시계 채워 주고
동트면 금방망이만 두고 가는

멍청한 복도깨비 뚝딱 올지도 몰라
밤마다 앞섶 다리며
꽃국*** 차리는 달맞이꽃 될지도 모르는데

어디에다 써먹나 저 원수 작다리
방등산 방둥이 바위
장맛비에 흔들흔들
멱따며 떠내려가게 생겼는데
참말로 으짜쓰까나
천하에 그래도 하나뿐인 내 저 잡것을

---

* 방등산가 : 산적에게 잡혀 간 아내를 구하러 오지 않음을 풍자한 가사가 전해지지 않는 백제가요.

** 싸리말 : 싸리말 태우다는 '쫓아내다' 의 곁말.

*** 꽃국 : 용수 안에 괸 술의 웃국.

백제 노래 · 8

— 복창 산유화가歌*

얼럴럴
되는 과붓집엔 호박꽃에도 황금빛 여근곡 있어
노다지 캐러 나간 우리 집 사내
그 집 일벌 되어 꿀단지에 빠져 허우적거리고

얼럴럴
되는 동네 둥구나무엔 명물 여근곡 가쟁이 있어
울 동네 개불상놈 구경 갔다가
욕쟁이 주막 뒷간 머슴으로 평생 빠져 버리고

럴라디야
되는 나라 뒷산엔 명당 갈래 여근곡** 탐나게 있어
선덕여왕 보쌈하러 떼거리로 가도
산 가랑이만 벌리면 후미진 옥수탕에 다 빠져 죽고

어여뒤여
부소산 며느리밑씻개풀에 엉겅퀴 들이대지 마라

눈총 따갑게 망한 나라
엉덩짝 퍼지게 붙일 솔개그늘마저 없어라

상사뒤여
개 패듯 빼앗긴 논바닥이나 바락바락 내리치며
개구리밥풀이나
볼때기에 배부르게 처붙이고 메나리 복창 터진다

---

* 산유화가 : 메나리조 가사와 곡이 전해지는 백제가요.
** 여근곡 : 경주시 신평리 소재 여근곡.(『삼국유사』)

백제 노래 · 9
—벽골제碧骨堤* 연가

돌기둥으로 빗장 친 물구름 저수지
수문이 터지면
가라앉힌 기다림 쏟아져 어쩌나요
아무리 고여도 채워지지 않는 그리움을
지평선에 붓는
아사달 당신이
허공의 뒷모습처럼 어른거리고 있네요

눈물이 무거워 휘청이는 코스모스는
쌀쌀한 세상 어느 기슭에 기대야 하나요
어느 가슴패기에
가도 가도 끝없는 하늘방죽 쌓아야 하나요
잊어버린 이별이 가물거리는 둑길에
들바람이 노을을 써레질하며
볏가리처럼 쌓아 놓은 구름길 다지고 있네요

---

* 벽골제 : 백제 비류왕 때 만든 우리 땅 최초의 대규모 저수지로 벽골은 볏고을의 의음이다.

백제 노래 · 10
— 땅끝에서

땅끝 갈두산* 발치에
디디다 만
부르튼 응어리 한 점을
썰물아, 일없이 쓸어 가지 마시게

일억 년 후
이 갯가에
공룡 걸음 화석처럼 또렷이 패여
뒤꿈치 자국 남아 있을지 몰라

소금꽃 아린 맨발 담그고 서서
달빛 초롱 물고 가는 기러기에게
길 잡아 줘 고맙다고
손 흔드는 곰네, 우리 어머니 보이시는가

* 갈두산葛頭山 : 전남 해남군 최남단에 위치한 산.

백제 노래 · 11
— 다시 땅끝에서

이어도 너머 까마득 이어진
가라앉지 않는 물 끝에
백가제해百家濟海* 우리 깃발이
마늘 몸내 풍기며 지금도 펄럭이는데

어느 물결 세월에 떠내려갔나
물 발자국만 가물거리는
백제 땅
다시는 밟을 길 없고

파도는 우랄알타이어 된소리 가락으로
우롸랄 롸롸 물북 울리며 일어나라 일어나
천오백 년 잠든 이무기
토말土末 아비를 후려치기만 하네

---

* 백가제해 : 『수서隋書』에 기록된 백제의 국호로 300년간 중국 대륙을 경영한 사실史實을 밝히고 있음.

백제 노래 · 12
— 땅끝 개불알풀*이

쑥대밭 모서리 움켜잡고
죽은 피 맺힌 손톱 속에 멍들어 피는 꽃이 있다

누구 하나 올 리 없는데
봄까치처럼 어이없게 울며 피어야 하는 꽃이 있다

꽃이어도 꽃이 아닌
천하디천한 개불알풀, 풀잎일 뿐이라고

꽃다운 꽃말 머릿수건으로 가리고
익은 암술 제 손으로 독하게 할례 하는 꽃이 있다

밟혀 뭉그러져도
살아 번지겠다는 하늘빛 꽃다짐이

백제 땅 끄트머리
끝바람결에 매달려 서러웁도록 야물게 피고 있다

---

* 개불알풀 : 상스럽다고 근년에 봄까치꽃이라 이름 함.

백제 노래 · 13
— 꿈길에

몽촌토성역*에 내리면
고란초 풀내음 민무늬치마 여미며
백제 여인이 마중 나올지 몰라

긴목항아리 숨결로
함지박 가득 살내 배인 옛말 이고 와
물갈대 몸짓으로 서성거리고 있을지 몰라

움집 그늘 울리는 수꿩 목청을
성벽 연못에 덩이째 던져
물수제비처럼 가다 말 소식 미리 보내고

잔물결 같은
기약 믿으며
몽촌토성역 꿈길에 내리면

꼬깃꼬깃 접은 안개꽃 사연 싸 들고

귀밑머리 만지작거리며
어쩌면 막차까지 정말 기다리고 있을지 몰라

---

* 몽촌토성역 : 서울 지하철 8호선 역.

백제 노래 · 14

— 의자대왕 단비壇碑에 서서

당신을 배웅하지 못한 뒤늦은 내 이승 손짓이다
절판된 백제유사, 침묵의 갈피 뒤적여
목판에 다시 새기지만
파내어도 만져지지 않는 저승 촉감 어이 다 적으리

구드레나루에 두고 간 당신 그림자
독작하는 술잔에 흔들어
흑백사진으로 애타게 인화하지만
판독할 수 없는 묵음, 굴곡진 음영 덩이뿐이어라

바람결마저 뭉개 버린
허망의 지층
더 이상 달구질하지 말라고
눅눅한 저승 옷자락 거듭 돌아눕고 있는가

갈 길이 아직도 남아
삼베 대님 다시 치며

초하루 삭망마다 금동신발 저벅저벅
능산리 넋널바람 되어 지나고 있는가

풍문으로만 들은 스산한 회오리 소슬소슬 감긴다

백제 노래 · 15
— 땅끝 후기後記

바다 끝자락 움켜잡고
물비늘 속
짜디짠 기억을 세차게 털면
장대비처럼 쏟아지는
사투리 들리지라

저 갯바위가 그러는디야
백제 끝이 여그가 아니랑게
영 끝나 버리고 마는
세월의 땅끝이 어디 있당가
갯물처럼 들랑날랑하는 거지라

그랑게,
귀 트인 당신은
물때 되면
끝없이 울리는 파도의 잠언
소금기 저린 저 사투리 속말을 다 알아들을 거지라

백제 유물에 대한 허망함과 그리움의 시안
— 임철재 『백제유사』의 시세계

박 호 영
(시인 · 문학평론가 · 한성대 교수)

1. 백제유사 바라보기

백제란 나라는 우리에게 무엇인가? 단지 삼국시대에 존재했던 한 나라로서 678년 동안 유지되다가 신라에 의해 병합되는 나라로만 그치는 것일까? 백제에 관해 조금만 관심을 가지고 조사해 봐도 그렇지 않다는 답이 나온다. 아니 오히려 백제는 우리가 모르는 거대한 잠재력을 지닌 나라였다는 결론에 이르게 된다. 영토뿐만 아니라, 이루어 놓은 문화의 총체를 생각할 때 백제는 신라나 고구려 못지않은 나라였다. 그러나 두 나라에 비해 왠지 과소평가된 느낌을 지울 수 없다. 그것은 『백제왕조실록』에서 지적한 대로 신라가 백제를 멸망시킨 후 백제의 역사를 축소해 한반도에 한정시켜 한반도 남부의 자그마한 국가로 전락시킨 때문일 것이다. 그런 점에서 백제의 위상은 재정립되어야 한다. 그동안 백제의 역사나 문화를 연구한 많은 학자들이 주장해 온 것도 대부분 그 맥락 속에 있다.

임철재 시인은 까마득히 잊힌 백제, 그의 말대로라면 "돌아볼 것도, 지울 것도 없는 백지의 백제"를 뒤적거려 아직도 없어지지 않은 백제의 숨결을 더듬으려고 한다. 다른 이들이 미처 생각지도 못한 백제의 뒷이야기를 거두고자 한다. 그러나 그의 시들을 하나하나 살펴볼 때 단순한 추억거리로 들추는 것이 아니다. 백제 유물에 대한 미시안적 관찰과 깊이 있는 시적 감각이 담겨 있다. 거의 모든 시편들이 다 그렇다. 사실 나는 임철재 시인에 대해 전혀 모른다. '시학사'로부터 시집 원고를 이메일로 넘겨받았을 때 주소가 캐나다로 되어 있어 현재 그곳에 거주하는 분이구나 하는 정도만 알았을 뿐이다. 시인 주소록인 '시인수첩'에도 이름이 실리지 않은 것으로 보아 지금까지 시집조차 내지 않은 건지도 모르겠다. 그러나 한 가지만은 확실하다. 그가 백제에 대해 무한한 애정과 지식을 소유하고 있다는 것이다. 그리고 시 창작에 있어 만만치 않은 내공을 쌓아 왔다는 것이다.

그는 이번 시집의 목차를 4부로 나누어 놓고 있다. 1부와 2부는 백제금동대향로와 서산마애불이 주된 소재로 되어 있고, 3부는 그 외의 백제의 유물들, 그리고 마지막 4부는 구전되거나 전해지지 않는 백제의 노래가 주류를 이룬다. 어느 특정한 백제 유물에 대한 관심으로 생각하기 쉽겠지만, 사실 백제가 이룩해 놓은 문화 전반에 대한 시적 시선이라고 할 수 있다. 그야말로 시집의 제목대로 '백제유사' 다. 이제 그가 구분해 놓은 순서에 따라 그의 시적 인식을 따라가 보기로 한다.

2. 백제금동대향로를 통한 백제의 애정

부여에 가 본 사람이면 부여 곳곳에 국보 제287호인 백제금동대향로 사진이나 모조품 등이 전시되어 있는 것을 보았을 것이다. 백제금동대향로는 비록 발굴된 지 20년이 채 안 되었지만 그만큼 백제 유물들 가운데 상징적인 존재다. 첫눈에도 어떻게 저렇게 섬세하게 만들었을까 하는 감탄이 나온다. 이 향로가 출토된 시기와 장소는 1993년 12월 부여 능산리 절터 서쪽 한 구덩이에서였다. 그러나 시인은 이 향로가 천오백 년 동안 잠을 잔 것으로 받아들인다.

몇 잠이나 흘렀는고
일어나려 해도 물먹은 삭신
얼마나 힘든 속세의 악몽이기에
불기둥 껴안고 물구렁에 잠드나

풀잎 사이 반딧불 밝히며

달빛 지고 메고 가는 풀벌레 울력 소리
와자지껄 팔베개 흔들어 쌓는데
밤새운 귀뚜리 첫 이슬 이고 와
정화수 올리고
딱 따르르 딱따구리 깨워 하늘목탁 두드리며
어서 기침하여 향불 올려 달라는데

마짓밥내 그리운 능사陵寺 폐허에
곯아떨어진
천오백 년이
아뿔싸, 두어 잠 거리밖에 안 되는가

—「백제금동대향로 · 1—잠시」 전문

시인이 백제금동대향로를 보고 느낀 것은 무엇일까? 발굴된 시점으로부터 거슬러 올라가면 천오백 년 동안 땅에 묻혀 있었을 향로다. 시인은 생각한다. 땅속에서 그것은 분명 잠을 잔 것일 거라고. 불을 피워야 향로로서 제 기능을 하는 것인데 물구렁, 곧 수렁에 빠져 있었으니 그렇게 여길 수밖에 없다. 그러면 왜 향로는 잠을 잔 것일까? 힘든 속세의 악몽 때문이다. 그것은 백제의 수난을 지칭하는 것이리라. 백제는 대륙백제의 몰락 상황을 타개하기 위해 성왕이 사비, 지금의 부여로 도읍을 옮긴 후 더욱 비운의 역사를 겪었다. 성왕이 얼마 못 가 영토의 일부를 신라에 빼앗기고, 또 왕 자신이 후에 관산성 전투에서 비참한 죽음을 맞이한 것이다. 향로가 출토된 능산리는 바로 그 죽음을 위로하는 왕실의 원찰이 세워진

곳이니, 이를 보면 시인이 '힘든 속세의 악몽' 속에 향로가 잠자고 있었다고 말함도 이해할 만하다. 그렇다면 어떻게 향로는 깨어나서 우리에게 모습을 보이게 된 것일까? 시인은 단지 발굴단의 노력에 의해 발견되었다고 보지 않는다. 풀벌레들이 여럿이 힘을 합쳐 소리를 내며 향로를 흔들어대고, 귀뚜라미는 딱따구리를 깨워 그로 하여금 하늘 목탁을 두드리며 어서 일어나 향불 올려 달라고 재촉하여 세상에 나온 것이라고 생각한다. 세월을 뛰어넘은 불가사의한 현현을 어찌 사람의 공으로 돌리랴. 분명 풀벌레들의 재촉 때문에 향로가 스스로 모습을 나타낸 것이리라. 그렇다면 풀벌레나 귀뚜라미의 수명을 염두에 둘 때 천오백 년이란 세월이 정녕 두어 번 잠자는 정도의 기간밖에는 되지 않는 것이 아닌가. 영겁이 수유에 지나지 않는다는 말도 있듯이 그저 두어 차례 잠을 자고 일어났을 뿐이다. 시인의 시적 상상력은 이렇게 전개되고 있다.

백제금동대향로를 바라보는 시인의 시선은 향로의 뚜껑인 '개' 와 향로의 다리 부분인 받침대 '대족' 을 비롯하여 뚜껑에 조각된 인면조신상, 머리 감는 나부상, 장적, 외수 등 여러 부분에 이른다. 그러나 감격적인 감회에 앞서 향로가 황망히 이런 수렁에 묻혔을 백제의 당시를 생각하니 느낌이 자못 처연하다. 저 향로가 품고 있을 백제의 슬픈 이야기가 얼마나 될 것인가.

그믐밤이어도 슬며시 열지 마시어요
가슴뼈 속 반닫이에

차곡차곡 차지게 개어 놓은 눈시울이
가슴골
사늘히 흘러 흘러
향로 바닥에
얼마나 깊이 고여 있는지 모르잖아요

그래도 모르면 그냥 두시어요
당신 힘으로 열고 닫을 수 있는
가벼운 여닫이 세월이 영영 아닐 수도 있어요

—「백제금동대향로 · 2—개」 부분

향로의 뚜껑인 '개'에 대해 읊은 부분이다. 시인은 향로의 뚜껑이 열리면 백제의 역사가 노출되리라 상상을 한다. 향로 속에 백제의 역사가 비장되어 있다고 인식하기 때문이다. 그 역사는 눈물의 역사요, 한의 역사다. "차곡차곡 차지게 개어 놓은 눈시울"이라든지 "가슴골/ 사늘히 흘러 흘러"라는 구절을 통해 그러한 정서를 느낀다. 시인에 따르면 향로의 바닥에는 그 백제의 비극이 깊이 고여 있다. 그것은 무심히 넘길 일이 아니다. 신중히 곱씹어 후대인들의 가슴속에 각인되어야 한다. 어느 누구의 "힘으로 열고 닫을 수 있는/ 가벼운 여닫이 세월"이 아닌 것이다. 백제금동대향로는 닫혀 있기에 그 신비로움을 더할 수 있으리라. 그럼 누가 향로를 열 수 있는가? 이 시에서 들려오는 시인의 목소리로 추정컨대 진정 백제를 제대로 이해해 줄 수 있는 사람만이 향로를 열 자격이 있을 것이다. 향로에서 촉발된 백제에 대한 미련과 회한의 정조는 다음 시에서도 발견할 수 있다.

사랑이 하도 멀어 날지 못하고
향불 올리는 새가 있어요
몸부림 깃털에 얼굴 파묻고
볼우물에 고인 당신 입김 비벼 대며
꿇어앉은 맨무릎 마구 흔드는 목울음 들리시나요

—「백제금동대향로 · 5—인면조신상」 부분

백제금동대향로를 유심히 본 사람은 아는 일일 테지만 향로에는 화려하고 정교한 세공으로 갖가지 인물, 동물, 산수 등이 조각되어 있다. 향로 뚜껑 장식에는 불로장생 신선들이 살고 있다는 삼신산을 상징적으로 표현하면서 악사와 새, 산봉우리, 나무, 바위, 폭포, 시냇물 등이 새겨져 있고, 향로 몸체에는 물고기, 신조, 신수 등이 부조되어 있다. 임 시인은 이러한 대상들에 대해서도 범상히 넘기지 않는다. 인면조신상만 하더라도 몸체는 새고 머리는 여인의 모습인 반인반조의 상을 조각한 것인데, 시인은 이를 두고 "사랑이 하도 멀어 날지 못하고/ 향불 올리는 새"로 묘사하고 있다. 새가 여기에 있음은 백제에 대한 사랑이 너무나 크기 때문이다. 시인은 이를 "사랑이 하도 멀어"라고 표현한다. 이러한 사랑이 있기에 좌절하지 말고 다시 일어서라고 목울음으로 "당신 입김 비벼 대며", "꿇어앉은 맨무릎 마구 흔드는" 적극적인 행위를 한다. 그것은 곧 백제에 대한 그리움이다. 그래서 시인은 이 시를 "이 그리움 덩이 누가 안아 재워 주나요"라고 끝맺고 있다. 백제금동대향로를 통한 그의 백제에 대한 애정은 「백제금동대향로 · 12」에서 여실히 나타난다.

> 긍게 뭐여, 저 금동대향로가 거시기는 거시기인 게비여, 곰나루 큰 질에 크게 모셔 놓고 향불 올리니께, 벨일여 곰강이 곤두서고 무지개 뜨는디, 무령어라하께서 무덤 문 열고 저벅저벅 행차하시니께 환장할 일 아니여, 그뿐여 사택砂宅대감이 인사동 어느 골동품 점방서 구해 왔는지 말여, 백제 때 토지대장 원본을 침 발라 가며 넘기며 어라하께 아뢰는디, 기왕 나선 참에 먼 이웃에 어우리 준 땅 마름하고 갈라고 욕보는 게빈디 말여
>
> 황해 건너 요동 요서 벌판, 어라 양자강 아래 위까지 줄자 대고 먹줄 튕기는디, 글씨 대강 눈치로 봐도 그게 다 우리 땅인 게빈디, 어메 저건 뭐여, 동해 건너 큰 섬 하나를 우리 담노라고 집 나간 개 멱줄 당기듯 태연히 끌고 오는디, 이게 워치게 된 거여, 참다 참다 오지게 징하니께, 오늘 점심 자시고 사단事端 내는 게빈디
>
> 근디 저 아줌니는 누구여, 떴다방은 아닌 거 같은디, 긍게 미국 나성羅城에서 금방 온 이모라고, 허니께 거기도 우리 외성外城이 된 겨, 허긴 그려 울나라 이름이 원래 백가제해百家濟海잉게, 세상 바다가 다 우리 꺼잉게, 향불 더 올려 봐 대찬 거시기 또 거시기 할 겨
>
> —「백제금동대향로 · 12—대행차」 전문

이 시의 부제인 '대행차'는 무령어라하, 즉 무령왕이 무덤

문을 열고 행차하는 것을 일컫는다. 무령왕은 백제의 대국화를 이끌어 낸 인물이다. 그는 섬진강 주변 가야 땅인 섭라를 장악하여 한수 이북 영토의 안정을 이끌어 냈고, 외적으로는 영토를 확장하여 백제의 국제 위상을 크게 높였다. 시인은 그 무령왕이 재림하여 당시에 차지했던 엄청난 영토를 다시 관리함을 꿈꾼다. 요동 요서 벌판은 물론 동해 건너 큰 섬까지, 그리고 이모가 미국의 나성에서 왔으니 그곳조차 백제의 외성으로 삼은 것이 아니냐는 의문에는 백제의 원래 말인 '백가제해' 의 뜻대로 온 세계가 백제 땅이었음을 말하려는 것이다. 이 시에서 눈에 띄는 특징은 충청도 방언을 그대로 구사하고 있다는 것인데, 이 걸러지지 않은 투박한 방언이 백제에 대한 애정을 한층 고조시킨다. 이상에서 보듯 백제금동대향로를 소재로 한 일련의 시에서는 백제에 대한 애정과 그리움이 주조를 이룬다.

3. 비감한 심정에서 본 '백제의 미소'

2부의 제목은 '백제의 미소' 로 되어 있다. 원래 '백제의 미소' 라 함은 서산마애삼존불상 중 서산마애본존불을 일컫지만, 여기 실린 시편들의 소재는 삼존불뿐만 아니라 성주사지 돌부처, 백제반가사유상, 신난초, 익산미륵사지, 무령왕비 은팔찌, 백제 울타리, 정림사지 오층탑 등에 이르기까지 갖가지 백제 유물을 다 망라하고 있다. '미소' 의 함축적인 의미를 생각할 때 이 모든 것들이 '백제의 미소' 에 포함될 수 있다고 생각한 것 같다. 그러나 백제의 상징인 이러한 백제 유물들에게 과연 '미소' 란 말이 적합한 것일까. 어느 면에서 이것은 아이러니가 아닐 수 없다. 2부의 시작이 되는 「백제의 미소 · 1-서산마애본존불」에서부터 우리는 이 사실을 어렵지 않게 알아차릴 수 있다.

백제도 없는
백제 땅에서
끝까지 살아남아

득도한 돌부처니까
백제의 미소 지어 보라니까
쓸개도 돌이니까

단칸 절벽 암자
만년 객승처럼
허구한 날, 기왕이면 허방허방 웃어 줄 수밖에

—「백제의 미소 · 1-서산마애본존불」 전문

백제도 없는 백제 땅에 살아남은 자가 무슨 좋은 추억이 있다고 미소를 지을 수 있겠는가. 득도한 돌부처이기에 모든 것에 초연할 수 있어 웃어 주는 것이다. 흔히 속없는 이를 '쓸개 빠진 자' 라고 하지만, 어차피 모든 것이 돌인데 쓸개 빠진들 어떠하리. 좋은 것이 좋다고, 이왕이면 다홍치마라고, 허구한 날 찾아오는 이를 대하며 웃는다. 그 웃음에는 아무런 계산이 없다. 모든 것을 초탈하여 속을 텅 비우고 웃는 웃음이다. '허방허방' 같은 시어가 이를 잘 대변해 준다. 서산마애삼존불을 바라보는 시인의 시적 시선은 이에 머물지 않는다. 다음처럼 본존불을 내리쬐는 햇발과, 드리우는 산 그림자를 의인화하여 부처를 생생하게 살아 있는 존재로 환치시키기도 한다. 우리는 여기서 임 시인이 지닌 시적 감각의 극치를 볼 수 있다.

> 만져서는 안 될 수직의 비밀 모서리
> 햇살의 정釘으로
>
> 천 길 아슬한 입술 도톰히 다듬어 놓고
> 죽어도 좋을 불륜처럼 산 그림자가 더듬고 있네요
>
> 돌부리 저미는
> 물구름 물소리만 아스러지게 남겨 놓고
>
> 뒷모습도 없이 떠나갈
> 햇발의 돌장이, 그래도 밉지 않아
>
> 가는 길
> 볼그레 물들 때까지 볼그레 웃어 주며
>
> 진달래 분홍 분홍진 돌장삼 여미지도 않고
> 속세의 아쉬운 인연처럼 하냥 손짓하고 있네요
>
> —「백제의 미소 · 2—서산마애본존불의 파적」 전문

원래 마애삼존불은 얼굴 표정이 때로는 엄해 보이기도 하고, 때로는 자애롭거나 아름답기도 하는 등 보는 사람마다 마음가짐에 따라 다르게 보인다고 한다. 시인은 햇살이 비추다 지나가는 사이 석불의 모습이 시시각각으로 변하는 것에 초점을 맞춘다. 그는 햇발을 돌장이로, 햇살을 정釘으로 본다. 그리고 본존불의 입술이 도톰한 것은 햇살의 정으로 다듬어 놓았기 때문이라고 서술한다. 특히 산 그림자가 마애불을 덮고 있는 것을 "죽어도 좋을 불륜처럼 더듬고 있다"라고 표현한 대목은 그의 뛰어난 시적 기량을 단적으로 보여 주는 것이라 할 수 있다. 어떻게 두 대상의 얽힘을 '불륜' 으로 유추한 것일까. 실로 기발하고 독특한 시적 인식이라 아니할 수 없다. 이쯤 되면 햇발이나 마애본존불은 무생명체가 아니다. 감정을 서로 교통하는 생명체다. 그래서 마애불은 뒷모습도 없이 떠나가는 햇발이 밉지 않아 가는 길이 볼그레 물들 때까지 볼그레 웃어 주고, 속세의 아쉬운 인연처럼 하냥 손짓도 할 수 있다. 이것이 바로 임 시인이 펼쳐 놓은 의인화의 세계관이다. 지금까지 마애불을 이렇게 인식한 이가 있었을까. 더구나 햇발과의 감정 교류를 한 것으로 본 이가 있었을까. 어떻게 보면 동심의 차원에서 전개되는 일련의 감정 표현 같지만, 결코 저급함에 머물지 않고 유현한 자연 섭리의 경지를 우리에게 내보이고 있다. 이런 인식을 지녔기에 서산마애삼존불은 다음처럼 하산을 하기도 한다.

꽃샘추위에 떠는

각시붓꽃 하이얀 맨꽃덜미
가사라도 벗어 감아 주려고
싸락눈 산길 내려가실지 몰라

허허허
입성 하나 없는 이파리 목숨 저걸 어쩌나

미소의 말씀만 벼랑에 남긴 채
통천通天문 돌빗장 지르고
산빛만 가득 담은 걸망 매고
아주 하산하실지 몰라

목쉰 산비둘기 상좌만
절간 없는 절에서 삼칠일 울고 있네

—「백제의 미소 · 3—서산마애본존불의 하산」 전문

자애로운 석불은 산 아래에서 꽃샘추위에 떠는 각시붓꽃을 보고 있다. 그 꽃은 옷 하나 걸치지 않은 이파리 목숨이다. 어쩌면 바로 추위에 죽을지 모른다. 그냥 지켜볼 수만은 없다. 하여 절간 아닌 절이라고 할 수 있는 바위에서 나와 각시붓꽃의 추위를 덜어 줄 산빛만 걸망에 매고 하산을 한다. 그러면 바위의 절에 남아 있는 것은 누구일까. 평소 자주 마주치고 곁을 지키던, 상좌와도 같은 산비둘기뿐이다. 그 비둘기만이 왜 하산하시느냐고 목이 쉬도록 스무하루를 울고 있다. 시인의 이런 일련의 상상은 서산마애본존불의 존재를 더욱 신비롭고 풍요롭게 한다. 이제 석불은 더 이상 돌로 된 부처가 아니다. 시인에 의하여 모든 감정을 소유한 살아 있는 부처로 변하였다. 이러한 의인적인 세계관은 제화갈라보살이나 미륵반가사유불에게도 이어지고 있다. “강당골 개울 건너며/ 공양간 누룽지 뒷짐 두 손에 구수하게 감추고// 아무것도 없다/ 시치미 떼며/ 윗입술 삐죽 내미는 뾜록한 물웃음 보시게”(「백제의 미소 · 5—서산마애제화갈라보살의 윗입술」) “턱 고인 손 내리고/ 아둥아둥 기는 백제의 매에게/ 꽃밥 개어 아침 고시레 주고 있다// 꺾인 죽지 사리며 날지 않으려는/ 저 세월의 눈치덩이에게/ 눈물밥 얼마나 더 눈물 없이 챙겨 먹여야 하나”(「백제의 미소 · 4—서산마애반가사유불이」) 같은 서술을 보면 두 보살은 정태적인 석조물이 아니라 주위의 모든 물상들을 보살피며 그들과 대화를 나누는 유정물이다. 특히 제화갈라보살을 노래한 시에서 시인은 “고만고만한 물푸레나무처럼/ 졸졸졸 물소리 나는 먹새 일곱 살들이/ 군침염불 꼴깍꼴깍 우물우물 바라보아”처럼 첩어를 의도적으로 사용하여 우리 언어가 지닌 리듬의 매력을 추구하고자 한다. 이 첩어의 구사는 이번 시집에서 이 시에 국한되지 않고 여러 작품에 등장하고 있다. “가랑이 불나도록 글방 고샅티 들랑날랑/ 맨발고락 꼬랑꼬랑 코린내가유/ 글메 백 리 멀리 삽다리까지 넘치 것는디”(「백제의 미소 · 6—서산마애제화갈라보살의 관상」)라든지, “질퍽질퍽 흙탕물 가라앉으면/ 본각시 설움 밴 여울 소리 매듭 잡고 / 어긔야 / 소내기 뚫고 후둘후둘 되올라오시겠지라”(「백제 노래 · 4—정읍가운」) 등이 그 예에 속한다. 사실 임 시인의 운에 대한 배려는 첩어뿐만 아니다. 같은

음의 반복으로 리듬감을 살리려는 노력이 여러 편의 시에서 산견되고 있다. 그로 인한 리듬감으로 시는 경우에 따라 해학적이 되기도 하고, 토속적인 냄새를 더욱 짙게 풍기기도 한다. 시인은 다음처럼 성주사지 돌부처에서도, 무령왕비 은팔찌에서도 '백제의 미소' 를 보고 있다.

① 밤하늘 드르륵 열면
오합사烏合寺 붉은 말 울음만 울려올 뿐
맘 편히 내다볼 유리창 어디에도 없어

탁발 나갈 생각도 않는 나그네 돌부처 잡고
쫓겨난 고향 절길 물어보면
성가신 듯 달만 바라볼 뿐

—「백제의 미소 · 8—성주사지 돌부처」 부분

② 저승길 헤매다 혹 헤어지면
다리야 다리야 외치며 찾겠노라고
포개어진 허벅다리
등잔불 그림자로
몽촌토성 움집에서 몸짓했잖아요

아득한 제 순처녀 적 이름 '다리' 를
우리의 비밀인 언적을
이 은팔찌 안쪽에
이두문자인 척 多利라 새기려

백제 땅에 되살아오실 줄 알았어요

—「백제의 미소 · 14—무령왕비 은팔찌의 언적」 부분

①에서 성주사를 바라보는 시인의 감정은 비감하다. 성주사는 원래 오합사인데, 기록에 따르면 백제 멸망 직전 이 절에 붉은 말이 나타나 밤낮으로 여섯 번이나 절을 돌아다니면서 백제 멸망을 예언해 주었다고 한다. 백제가 멸망하기 전에는 쌀뜨물이 십 리나 흘러 내려갈 만큼 번창하였는데, 지금은 절터만 남아 있으니 시인이 어찌 무상함을 느끼지 않을 수 있겠는가. 더구나 성주사지 돌부처는 심하게 훼손되어 쪼개져 나간 얼굴 부분을 시멘트로 메꿀 정도다. "맘 편히 내다볼 유리창 어디에도 없어", "쫓겨난 고향 절길 물어 보면/ 성가신 듯 달만 바라볼 뿐"은 흥망성쇠의 허무함을 대변하는 구절들이다.

②는 백제 무령왕릉에서 출토된 왕비의 은팔찌를 소재로 하고 있다. 이 은팔찌는 무령왕비가 죽기 6년 전인 520년에 제작되었다. 무령왕이 생존했을 때다. 특이한 것은 은팔찌 안쪽에 이 팔찌를 만든 장인의 이름 '다리'가 새겨져 있다는 것이다. 이것을 어떻게 받아들여야 할까. 왜 장인은 팔찌만 제작해 주면 될 것을 굳이 자신의 이름을, 그것도 팔찌 안쪽에 '다리'라고만 새겨 넣은 것일까. 시인은 이를 전생에 왕비의 서방님이었던 장인이 환생한 것으로 받아들이고 있다. 그러나 어찌 그가 존엄한 신분이 된 왕비를 떳떳이 만날 수 있겠는가. 더구나 모든 이가 떠받드는 왕의 부인이 아니던가. 그

래서 둘이만 통하는 비밀스런 구호인 언적으로 '다리' 를 새겨 넣은 것이다. 이에 대해 무령왕비는 장인에게 이승이 끝나면 전생의 첫날밤으로 데려가 달라고 부탁을 한다. 왕후의 신분보다는 전생의 인연인 장인의 처를 택한 것이다. 금도를 벗어난 것이지만 실로 낭만적인 상상이 아닐 수 없다.

이 밖에도 산난초, 백제 울타리, 정림사지 오층탑 등이 2부의 소재로 등장하고 있다. 그러나 "온몸 매달아 울 처마마저 잿더미 되어/ 울 수도 울지도 않을 풍경 소리"(「백제의 미소 · 11－산난초와 고유란가」) "아예 무너져 순장되고 싶은 백제 억장 울타리/ 삭정이에 허기진 한숨 기대며/ 부들부들 부들 줄기처럼 그래도 일어서 있어야 하나"(「백제의 미소 · 15－백제 울타리」) "옥개석 야물게 여미며/ 비전秘傳되는/ 바람의 백제유사/ 그 달빛 갈피 차갑게 뒤적이고 있다"(「백제의 미소 · 16 －백제탑의 본관」)에서 보듯 그 주된 정서는 처연함을 벗어 나지 못한다. 이것은 시인의 의식 한편에 백제의 멸망에 대한 허망함이 자리 잡고 있음을 말해 주는 것이다.

4. 백제의 문화유산에 나타난 회한과 그리움

'백제의 미소' 다음은 3부가 '백제 뒤안길' 이고, 4부가 '백제 노래' 다. 3부에서는 남성용 소변기로 사용된 호자를 비롯해 개불알꽃 · 고란초 · 백화정 · 은선폭포 · 남매탑 · 공산성 · 유인원 기공비 등이 소재로 다루어져 있고, 4부에서는 방등산가 · 정읍가 · 지리산가 · 선운사가와 같은 백제의 노래가 소재가 되고 있다. 이들 문화유산에 대한 감정도 역시 백제 멸망에 대한 아쉬움과 설움으로 채워지고 있다.

물벽에 맺힌 목청 던지어
소쩍새 설운 목 감아 오는 은선폭포
계룡산 떠나지 못하는
아사녀 목메임이어요

어차피 떨어져 흐슬어지고 말
물벼랑 알몸이지만
수직으로 서서
발강게 보여 줄 수는 없잖아요

수그리고 누워
물이파리로 야윈 아랫배 가리고
낫지 않는 옆구리 결림
쇠별꽃 다발로 두드리고 있어요

상처의 더께를 불리는 물소리
산 밖에 들리면 어쩌나
백제 손톱달이
눈물 골짝 떠나지 못하고 애태우고 있어요

—「백제 뒤안길 · 8—은선폭포」 전문

은선폭포는 계룡팔경 중의 하나다. 옛날 선녀가 이곳에 숨어 목욕을 하였다는 전설이 있어 이 같은 이름이 붙었다 한다. 일반적인 다른 폭포와 달리 경사 60도로 비스듬히 누워 물줄기가 떨어지고 있다. 시인은 이 폭포의 소리를 “계룡산 떠나지 못하는/ 아사녀 목메임”으로 인식한다. 아사녀란 백제 여인의 상징이다. 석가탑의 전설에 얽힌 일화에서 그녀는 아사달과 더불어 지고지순한 백제인의 전형으로 등장한다. 시인은 그녀가 계룡산을 떠나지 못하고 목메어 운다고 생각한다. 백제의 멸망에 한이 맺혔기 때문이다. 폭포의 몸체에서 “야윈 아랫배” “낫지 않는 옆구리 결림” “상처의 더께”를 본 것도 같은 차원에서 얘기할 수 있다. 폭포로부터 백제 역사의 상흔을 떠올리는 것이다. 그래서 초승달과도 같은 손톱 모양의 달이 ‘눈물 골짝’을 떠나지 못하고 애태우고 있다. 은선폭포에 대한 이러한 유추는 새삼 시인의 백제에 대한 애정을 느끼게 한다. 다음 시도 이와 같은 부류에 속한다.

> 초승달 옆구리처럼
> 없는 듯 보이는
> 흔적 없는 백제의 흔적이 밤 물그림자에 어리다
>
> 달빛 백지세월에 구겨진
> 누구도
> 뜯어낼 수 없는 젖은 얼룩이 밤 물바닥에 어리다
>
> 달무리에 숨어
> 소쩍새 통곡을 참는

바람의 발자취, 밤 물마루에 철렁 목메이게 어리다
—「백제 뒤안길 · 10—공산성 밤 강에」 전문

이 시의 시간적 배경은 밤이고, 공간적 배경은 공산성 주위를 흐르는 금강이다. 공산성은 바로 백제 마지막 임금 의자왕이 성문을 열고 나와 항복하고 신라 무열왕과 당의 소정방에게 술잔을 올린 웅진성을 가리킨다. 참담한 역사의 현장이다. 고려 시대 이후 이곳은 공산성으로 불리게 되었다. 그 성을 바라보는 시인의 심경은 착잡하다. 더구나 지금 그는 밤에 공산성을 끼고 흐르는 강에 있다. 감상적이 되지 아니할 수 없다. "흔적 없는 백제의 흔적" "누구도/ 뜯어낼 수 없는 젖은 얼룩" "소쩍새 통곡을 참는/ 바람의 발자취" 같은 구절에서 우리는 시인의 소회가 어떠한지를 짐작할 수 있다. 당시 비극이 역사의 뒤안길로 사라졌다 할지라도, 그래서 흔적 없는 백제가 됐다 할지라도, 시인의 눈에는 흔적이 물그림자에 어린다. 뿐만 아니라 눈물의 얼룩과, 통곡을 안으로 삼킨 바람의 자취도 물바닥과 물마루에 어린다. 백제의 유적을 바라보는 시인의 이러한 태도에서 우리는 그가 항시 백제를 그리워하고, 멸망의 상흔을 어루만지려 한다는 것을 알 수 있다.

마지막으로 임 시인은 '백제의 노래' 에 주목한다. 백제의 노래에는 「정읍가」처럼 가사가 전해져 내려오는 것도 있지만, 대부분 가사가 전해지지 않은 부전가요다. 어떤 노래라는 것만이 알려져 있을 뿐이다. 시인은 상상력을 발휘하여 부전가요에도 그 나름의 가사를 삽입해 놓고 있다. 다음 시는 가사가 전하는 「정읍가」의 내용을 차용하여 지은 작품이다.

여울 그리메 흔들리는 속살결로 기다리는데
그리움 젖은 속살 속삭속삭 물소리 나게 씻는데
강물이 강자락 버리고
차마 강을 떠나지는 못하겠지라

만경강 굽이굽이 부대끼며 떠돌다가
아리따운 샛강 물풀 흐느적거리면
암시러워라
각시붕어 젖빛 꼬리 따라가다 물길 놓치겠지만

질퍽질퍽 흙탕물 가라앉으면
본각시 설움 밴 여울 소리 매듭 잡고
어긔야
소내기 뚫고 후둘후둘 되올라오시겠지라

강바닥에 흘려보내는 옛 물 내만
옛 겨드랑 내음만 그리그리 후비고 찾아
객지 물에 상한 아가미 피멍 감춘 채
힘 빠진 가물치처럼 야리야리게 거슬러 오시겠지라

—「백제 노래 · 4—정읍가운」 전문

잘 알다시피 「정읍가」는 행상 나간 남편이 저잣거리의 유혹에 빠지지 말고 돌아오기를 바라는 여인의 심정을 읊은 노래다. 이 노래에는 남편을 기다리는 아내의 애틋하고 절절한 심정이 잘 표현되어 있다. 시인은 그러한 「정읍가」의 내용을 붕어의 일시적인 이탈과 귀환으로 바꿔 서술해 나간다. 붕어가 아리따운 샛강 물풀의 흐느적거림에 정신이 홀려 각시붕어 젖빛 꼬리 따라가다, 흙탕물 가라앉으면 정신을 차려 옛 물 내와 옛 겨드랑 내음을 찾아 본각시에게로 돌아올 것이라는 것이다. 발상도 뛰어나지만 각 연의 말미를 동일한 음으로 처리하여 운을 살린 것이라든지, '속삭속삭' '굽이굽이' '질퍽질퍽' '후둘후둘' '그리그리' '야리야리게' 같은 첩어의 사용으로 리듬감을 부여한 것 등이 한 편의 절창을 낳고 있다. 「백제 노래 · 9—벽골제 연가」도 이러한 절창 중의 하나다.

돌기둥으로 빗장 친 물구름 저수지
수문이 터지면
가라앉힌 기다림 쏟아져 어쩌나요
아무리 고여도 채워지지 않는 그리움을
지평선에 붓는
아사달 당신이
허공의 뒷모습처럼 어른거리고 있네요

눈물이 무거워 휘청이는 코스모스는
쌀쌀한 세상 어느 기슭에 기대야 하나요
어느 가슴패기에
가도 가도 끝없는 하늘방죽 쌓아야 하나요
잊어버린 이별이 가물거리는 둑길에
들바람이 노을을 써레질하며

볏가리처럼 쌓아 놓은 구름길 다지고 있네요

—「백제 노래 · 9—벽골제 연가」 전문

벽골제는 백제 비류왕 때 축조된 거대한 저수지다. 극심한 가뭄을 겪은 비류왕이 치수의 필요성을 절감하여 만든 것 같다. 그 벽골제를 바라보며 시인은 벽골제 저수지 수문이 터질 것을 떠올린다. 만약 저수지의 수문이 터진다면 고인 물들은 쏟아져 나가리라. 고인 물은 무엇인가? 그것은 오랜 세월 '가라앉힌 기다림' 이다. 그 기다림 속에는 "아무리 고여도 채워지지 않는" 아사달의 끝없는 그리움이 있고, 감당하지 못할 정도로 많은 코스모스의 눈물도 있다. 그것들은 결국 백제의 비극을 대변하는 것일 것이다. 그러나 세월은 무상한 것이어서 지금은 노을 속에서 들바람만 불고 있다. 이 풍경을 시인은 "들바람이 노을을 써레질하며/ 볏가리처럼 쌓아 놓은 구름길 다지고 있네요"라고 표현하고 있다. 만상을 자유자재로 시적 사유 속에 갖고 노는 시인의 능란함이라 아니할 수 없다. 그는 백제에 대한 아쉬움과 미련, 허망함의 감정으로 이번 시집을 끝맺고 있다.

이어도 너머 까마득 이어진
가라앉지 않는 물 끝에
백가제해百家濟海 우리 깃발이
마늘 몸내 풍기며 지금도 펄럭이는데

어느 물결 세월에 떠내려갔나

물 발자국만 가물거리는
백제 땅
다시는 밟을 길 없고

파도는 우랄알타이어 된소리 가락으로
우롸랄 롸롸 물북 울리며 일어나라 일어나
천오백 년 잠든 이무기
토말土末 아비를 후려치기만 하네

—「백제 노래 · 11—다시 땅끝에서」 전문

백제는 앞서 언급했듯이 '백가제해' 의 준말로, 온 세계를 평정하고자 하는 크나큰 포부가 나라의 명칭에 내포되어 있다. 그러기에 지금도 '백가제해 우리 깃발' 이 "이어도 너머 까마득 이어진" 곳까지 펄럭이고 있다. 그러나 물결 흘러가듯 어느 세월에 떠내려갔는지 백제 땅은 다시는 밟을 길이 없다. 백제의 확장은 땅끝에서 끝난 것이다. 이제는 파도만이 다시 일어나라고 '천오백 년 잠든 이무기' 인 백제를 후려칠 뿐이다. 이것이 이 시의 골자다. 우리는 여기서 백제가 좀 더 뜻을 펼치지 못하고 일찍 멸망한 것에 대한 시인의 아쉬움과 한을 쉽게 읽어 낼 수 있다. 그러나 시인의 감정은 아쉬움과 한으로만 그치지 않는다. "저 갯바위가 그러는디야/ 백제 끝이 여그가 아니랑게/ 영 끝나 버리고 마는/ 세월의 땅끝이 어디 있당가/ 갯물처럼 들랑날랑하는 거지라"(「백제 노래 · 15—땅끝 후기」)를 통해 보듯이 한편으로 백제의 좌절된 꿈이 다시 부활될 날이 언젠가는 다시 오리라는 믿음을 내보이고 있다. 물론 그 부활은 불가능한 것이겠지만 그만큼 백제에 대한 시인의 애정이 깊은 것이다.

5. 백제 없는 백제의 부활

역사는 지나간 과거로만 그치는 것이 아니다. 미래에 꿈과 교훈과 희망을 주는 것이다. 그러므로 백제가 망했을지라도 백제의 찬란했던 문화는 영원히 살아서 숨 쉬며, 끊임없이 우리에게 정신적인 활력을 불어넣어 준다. 문화유산을 답사하는 이유도 거기에 있으리라. 단순히 과거의 유물을 보는 것에 그친다면 그 답사가 무슨 의미가 있겠는가. 유물에 깃든 선인들의 지고한 정신, 뛰어난 장인의 기술과 혼, 일화에 얽힌 낭만과 멋을 배우고자 그들이 남긴 유물들을 찾는 것이다. 그런 점에서 임철재 시인이 백제유사를 시로 읊은 것은 의미가 크다. 물론 백제나 백제 유물에 대해 노래한 시인이 임 시인만은 아니겠지만, 그는 우리가 고정적이고 정태적으로 인식하여 온 유물들을 적절한 비유와 능란한 시적 기교로 생생히 살려 새롭게 인식하게끔 했다. 우리가 미처 몰랐던 백제 유물들에 대한 지식을 갖추게 했다. 아마도 이번 시집에 실린 그의 시들을 다 읽고 나면 부여를 중심으로 해서 주변 곳곳에 남겨진 백제의 유적들이 더욱 친근하게 다가올 것이다. 나 역시 그의 시들을 대하면서 백제에 관해 모르던 것들을 많이 알게 되었고, 애정도 갖게 되었다. 앞으로 그가 또 어떤 시들을 선

보일지 모르지만 추측건대 이번 시집 말미의 시편을 통해 암시해 놓은 백제의 부활을 계속 꿈꿀 것 같다. 그러므로 그가 백제를 주시하는 한 백제 없는 백제는 결코 외롭거나 슬프지 않을 것이다.

시인 임철재

대전 출생

E-mail: cjlim777@hanmail.net

백제유사

지은이 | 임철재
펴낸이 | 김재돈
펴낸곳 | 도서출판 시와시학
1판1쇄 | 2012년 9월 30일
출판등록 | 2010년 8월 10일
등록번호 | 제2010-000036호
주소 | 서울 종로구 명륜동1가 42
전화 | 744-0110
FAX | 3672-2674
값 8,000원

ISBN 978-89-94889-41-2 03810